STRUMENTI

PER RISOLVERE OGNI DUBBIO LINGUISTICO

Mario Scalise
Atsuko Mizuguchi

GIAPPONESE

Grammatica essenziale

VALLARDI

Mario Scalise: professore di lingua e letteratura giapponese per vent'anni all'Università di Torino e successivamente a quella di Pavia, ha al suo attivo oltre venti pubblicazioni. Nel 1991 ha ricevuto il Premio Okano e nel 1993 l'Imperatore Akihito gli ha conferito l'Ordine del Tesoro Sacro. È stato Segretario Generale dell'AISTUGIA e Presidente dell'Is.M.E.O. di Milano.

Atsuko Mizuguchi: è nata a Tokyo, dove si è laureata in Lettere all'Università Waseda e dove ritorna per lunghi e frequenti soggiorni. Per trent'anni è stata docente di lingua giapponese presso l'Is.M.E.O. di Milano.

Si ringrazia il dott. ing. Fabio Scalise per la collaborazione scientifico-tecnica, specie nel campo dell'elettronica.

Antonio Vallardi Editore s.u.r.l.
Gruppo editoriale Mauri Spagnol

www.vallardi.it

Prima edizione: 1995

Ristampe: 9 8 7 6 5 4 3 2 1 0
2019 2018 2017 2016 2015

ISBN 978-88-6731-889-6

LE GRAMMATICHE ESSENZIALI
A. VALLARDI

Questa collana di grammatiche pratiche ed essenziali è stata concepita per rispondere alle esigenze di tutti coloro che, a scuola, sul lavoro o in occasione di un viaggio all'estero, hanno necessità di esprimersi correttamente in una lingua straniera.
Per rendere la consultazione rapida ed efficace, le regole sono presentate in modo chiaro e sintetico, con un linguaggio semplice e comprensibile anche a chi non conosce analisi logica e sintassi e ha poca familiarità con la terminologia specifica e a volte complessa delle grammatiche.
La chiarezza dell'impaginazione invita alla lettura. Ogni regola o eccezione è illustrata da pochi esempi pratici e vicini all'uso comune. L'impiego dei due colori, *blu per la lingua straniera* e **nero per l'italiano**, consente di mettere ogni volta in risalto la peculiarità linguistica che si vuole sottolineare, con perfetta corrispondenza fra le due lingue.
Un dettagliato indice analitico alla fine del volume permette di rintracciare prontamente e con facilità un vocabolo particolare o una determinata regola di lingua.

GRAMMATICA GIAPPONESE

I criteri di chiarezza e di essenzialità caratteristici della collana hanno portato gli autori a cercare di semplificare al massimo e soprattutto a rendere comprensibile alla mentalità italiana lo schema grammaticale di una lingua tanto difficile e diversa, restando al tempo stesso il più possibile vicini al sistema seguito nelle scuole giapponesi, sistema che più di ogni altro riesce a interpretare le molteplici peculiarità del giapponese.
La difficoltà maggiore è rappresentata dal fatto che la frase ha una struttura nettamente diversa da quella occidentale. Nelle lingue indoeuropee, infatti, il verbo è l'elemento centrale, essenziale, insieme al soggetto, per la

formazione della frase. Non così in giapponese, dove diventa un semplice componente affine all'aggettivo (anche l'aggettivo ha una sua coniugazione) e si posiziona nella parte finale della frase, seguito da alcuni elementi linguistici che danno indicazioni non tanto sul contenuto quanto sullo stile, per esempio sul livello di cortesia usato, con una ricchezza di sfumature che sorprende e affascina (si hanno espressioni diverse a seconda del sesso, della posizione sociale, dell'età degli interlocutori).
A tale riguardo si precisa che nel compilare questa grammatica gli autori si sono riferiti di norma a un linguaggio di media cortesia che può essere usato dagli stranieri in ogni situazione. E il primo consiglio che si sentono di dare è quello di costruire la frase italiana alla giapponese prima di tradurla: abituarsi a "pensare alla giapponese" infatti è non solo importante, ma addirittura indispensabile per chi si proponga di imparare compiutamente questa lingua.
Il testo inizia con una breve scorsa alla *storia della lingua e della scrittura* (così legata, quest'ultima, a quella cinese), che è fondamentale per la corretta comprensione della lingua e della scrittura attualmente in uso. Degli ideogrammi giapponesi viene sempre data la *trascrizione in caratteri latini* secondo il sistema Hepburn in modo da rendere possibile fin dall'inizio la corretta lettura di parole e frasi. Per ragioni di semplificazione o problemi di spazio, nelle tabelle della coniugazione dei verbi e degli aggettivi, per parole che si ripetono con frequenza e in qualche altro caso viene riportata la sola trascrizione.
La grammatica fornisce inoltre vari *modelli di lettere formali e informali* e un elenco dei *termini commerciali* e dei *termini tecnici* più usati.
Il volume costituisce pertanto un valido aiuto per studenti, turisti e operatori interessati al Giappone, ma può risultare utile come supporto di base per l'apprendimento della lingua nei corsi universitari anche specialistici.

LINGUA E SCRITTURA

IL SILLABARIO

Nella lingua giapponese non vi è una distinzione netta, nell'articolazione dei suoni, tra consonante e vocale, e non viene attribuito a ciascuno di questi elementi un carattere a sé stante. Il giapponese quindi non possiede un alfabeto, ma un sillabario formato da un insieme di segni sillabici che rappresentano tutti i suoni fondamentali della lingua, e cioè quelli che non possono in alcun modo essere scomposti. Tali suoni sono 45 e comprendono anche le 5 vocali in quanto esse compaiono a volte isolatamente nelle parole. Con l'aggiunta del suono della *n*, che pure si può trovare isolata, diventano 46. Nella I tabella i caratteri riportati sono 51 perché due della famiglia della *y* e tre della famiglia del *w* si fanno per consuetudine coincidere con le vocali corrispondenti.
Generalmente il sillabario - che si sarebbe sviluppato gradualmente e alla cui formazione avrebbe contribuito il monaco buddhista Kūkai (774-835), noto col titolo onorifico di Kōbō Daishi e famoso soprattutto come calligrafo - viene chiamato *kana*, cioè "caratteri a prestito" e a volte *gojūon*, "i 50 suoni" benché siano 46. Tali suoni sono detti *seion* e cioè "suoni puri" o "fondamentali" (vedi tabella I). Aggiungendo ai caratteri di alcuni di essi, in alto a destra, un piccolo segno formato da due trattini e detto *nigori* "impurità" o un piccolo cerchio chiamato *maru*, che significa appunto "cerchio", si ottengono rispettivamente i caratteri dei 20 "suoni impuri" o *dakuon* e dei 5 "suoni semipuri" o *handakuon* (vedi tabella II). Infine vi sono i 36 "suoni contratti", chiamati *yōon*, che derivano

TABELLA I **SEION**

あ *a* ア	い *i* イ	う *u* ウ	え *e* エ	お *o* オ
か *ka* カ	き *ki* キ	く *ku* ク	け *ke* ケ	こ *ko* コ
さ *sa* サ	し *shi* シ	す *su* ス	せ *se* セ	そ *so* ソ
た *ta* タ	ち *chi* チ	つ *tsu* ツ	て *te* テ	と *to* ト
な *na* ナ	に *ni* ニ	ぬ *nu* ヌ	ね *ne* ネ	の *no* ノ
は *ha* ハ	ひ *hi* ヒ	ふ *fu* フ	へ *he* ヘ	ほ *ho* ホ
ま *ma* マ	み *mi* ミ	む *mu* ム	め *me* メ	も *mo* モ
や *ya* ヤ	い *i* イ	ゆ *yu* ユ	え *e* エ	よ *yo* ヨ
ら *ra* ラ	り *ri* リ	る *ru* ル	れ *re* レ	ろ *ro* ロ
わ *wa* ワ	い *i* イ	う *u* ウ	え *e* エ	を *(w)o* ヲ
		ん *n* ン		

dalla combinazione di alcuni dei precedenti (vedi tab. III). I giapponesi utilizzano normalmente il sillabario *hiragana* (rappresentato dalle righe superiori delle tre tabelle), ma

TABELLA II **DAKUON**

が ga ガ	ぎ gi ギ	ぐ gu グ	げ ge ゲ	ご go ゴ
ざ za ザ	じ ji ジ	ず zu ズ	ぜ ze ゼ	ぞ zo ゾ
だ da ダ	ぢ ji ヂ	づ zu ヅ	で de デ	ど do ド
ば ba バ	び bi ビ	ぶ bu ブ	べ be ベ	ぼ bo ボ

HANDAKUON

ぱ pa パ	ぴ pi ピ	ぷ pu プ	ぺ pe ペ	ぽ po ポ

ne hanno anche un secondo chiamato *katakana* (righe inferiori), impiegato di solito nei testi scientifici, per la trascrizione di termini onomatopeici e di parole straniere o di origine straniera (escluse quelle cinesi) o infine per ragioni stilistiche. Osservando i caratteri dei due alfabeti si nota che quelli dello *hiragana* hanno uno stile corsivo, mentre quelli del *katakana* sono tracciati in maniera rigida e geometrica. Il termine *kana* comune a entrambe le parole (diventa *gana* nella prima per ragioni eufoniche) significa "carattere prestato", e infatti i caratteri dei due alfabeti sono stati tratti da ideogrammi cinesi. Poiché *hira* è un prefisso che vuol dire "comune", "ordinario", *hiragana* varrà "carattere prestato di uso comune" e cioè corsivo. E poiché *kata* significa "parte", "frammento", *katakana* vorrà dire "carattere prestato di frammento" e cioè ottenuto prendendo una sola parte di un ideogramma completo. E' importante ricordare che i due alfabeti non possono essere usati promiscuamente nella stessa parola.

TABELLA III **YŌON**

きゃ *kya* キャ	きゅ *kyu* キュ	きょ *kyo* キョ
しゃ *sha* シャ	しゅ *shu* シュ	しょ *sho* ショ
ちゃ *cha* チャ	ちゅ *chu* チュ	ちょ *cho* チョ
にゃ *nya* ニャ	にゅ *nyu* ニュ	にょ *nyo* ニョ
ひゃ *hya* ヒャ	ひゅ *hyu* ヒュ	ひょ *hyo* ヒョ
みゃ *mya* ミャ	みゅ *myu* ミュ	みょ *myo* ミョ
りゃ *rya* リャ	りゅ *ryu* リュ	りょ *ryo* リョ
ぎゃ *gya* ギャ	ぎゅ *gyu* ギュ	ぎょ *gyo* ギョ
じゃ *ja* ジャ	じゅ *ju* ジュ	じょ *jo* ジョ
ぢゃ *ja* ヂャ	ぢゅ *ju* ヂュ	ぢょ *jo* ヂョ
びゃ *bya* ビャ	びゅ *byu* ビュ	びょ *byo* ビョ
ぴゃ *pya* ピャ	ぴゅ *pyu* ピュ	ぴょ *pyo* ピョ

GLI IDEOGRAMMI CINESI

La grammatica giapponese è basata essenzialmente sull'uso dei caratteri ideografici cinesi, i cosiddetti *kanji* (*kan* è l'antico nome della Cina, *ji* vuol dire "carattere"), che si ritiene siano stati introdotti in Giappone intorno al V secolo d.C. Nella scrittura ideografica ogni ideogramma corrisponde a un'idea ed è la rappresentazione grafica del concetto che si vuole esprimere.
In origine i simboli erano pittogrammi e rappresentavano la forma delle cose del mondo sensibile mediante una figurazione schematica. Attraverso i secoli, però, la natura pittografica dei simboli è andata via via scomparendo, tant'è che sarebbe inutile oggi, nella maggior parte dei casi, tentare di individuare il significato di un ideogramma dalla sua forma.
All'inizio i giapponesi presero dai cinesi un certo numero di caratteri e, tenendo conto non del loro contenuto ideografico ma del loro valore fonetico, li usarono per rappresentare i differenti suoni della loro lingua: questi non erano che una cinquantina, e perciò bastarono altrettanti segni per creare una specie di alfabeto.
Il cinese era però una lingua monosillabica in cui una leggera modulazione di voce bastava a cambiare il significato di un suono. E poiché a ciascuna modulazione corrispondeva nella scrittura un particolare ideogramma, i giapponesi, dovendo rappresentare graficamente una loro emissione di voce, si trovarono di fronte un numero considerevole di caratteri aventi suoni quasi identici, che usavano a capriccio. Tutto questo, naturalmente, creò una gran confusione che ha reso assai difficile la lettura e l'interpretazione dei documenti e dei testi di quell'epoca.
Col tempo, perciò, sembrò più semplice e più pratico usare i caratteri ideografici non più in relazione ai suoni corrispondenti, ma in relazione alle idee che essi rappresentavano, e cioè secondo il loro valore simbolico. Così ad esempio, volendo rappresentare graficamente la parola *hi*, che vuol dire "sole" e anche "giorno", i giapponesi si servirono dell'ideogramma 日 che rappresenta appunto l'idea di "sole" e quella di "giorno"; volendo rappresentare la parola *moto*, che vuol dire "origine", si servirono

dell'ideogramma 本 che rappresenta l'idea di "origine", e così via.
Ma quando dalla rappresentazione di idee semplici che richiedevano l'uso di un solo ideogramma si dovette passare a quella di idee più complesse e quindi all'uso di due o più caratteri, i giapponesi furono indotti ad abbandonare la pronuncia originaria e a usare quella cinese risultante dalla fusione delle singole emissioni di voce corrispondenti agli ideogrammi che formavano la parola composta. Ad esempio per il nome del loro paese, "il paese all'origine del sole", si servirono dei due ideogrammi citati prima ma li lessero con la pronuncia cinese, modificata secondo la fonetica giapponese. Così l'ideogramma di *hi*, "sole", fu letto *nichi* e quello di *moto*, "origine", fu letto *hon*. La parola composta che ne risultò venne, per contrazione, pronunciata *Nihon* e anche *Nippon*, che significano appunto "Giappone".
Da questo strano connubio di due lingue profondamente diverse quella giapponese doveva uscire, attraverso i secoli, completamente trasformata; ne scaturì una straordinaria fioritura di parole nuove chiamate *kango* (*kan*, lo ricordiamo, è l'antico nome della Cina, *go* significa "parola", quindi "parola cinese"), che per la loro nobile origine e per la loro brevità incontrarono il favore del pubblico. Tale flusso di parole, tuttora in espansione, ha incrementato enormemente il lessico giapponese (attualmente ne costituisce più del 60%), e ha fatto di questa lingua, che conta oltre 700.000 vocaboli, uno dei più ricchi se non addirittura il più ricco idioma del mondo.
Se da un lato tale ricchezza costituisce un patrimonio prezioso, dall'altro rappresenta però un ostacolo insormontabile, che impedirà forse per sempre ai giapponesi l'abbandono della scrittura ideografica e l'adozione di un sistema più semplice e più pratico. Infatti molte parole giapponesi di origine cinese hanno identica pronuncia ma significato diverso, e quindi non possono essere distinte graficamente l'una dall'altra se la scrittura è fonetica, mentre possono esserlo se la scrittura è ideografica. Ad esempio la parola *kanji*, alla quale abbiamo già accennato, oltre a significare "carattere cinese", vuol dire "sensazione", "impressione": a ognuno dei due significati corri-

spondono ideogrammi diversi (漢字 e 感じ), ciò che consente una distinzione grafica. Basta consultare un qualsiasi dizionario per rendersene conto.
L'adozione pura e semplice degli ideogrammi non era però sufficiente a risolvere il problema della scrittura poiché, a differenza della lingua cinese, quella giapponese ha parole, desinenze, suffissi e prefissi che non possono essere rappresentati graficamente se non con caratteri fonetici. Prendiamo *deru*, che significa "uscire". L'idea di uscire viene espressa con l'ideogramma 出, che però rappresenta graficamente soltanto una base del verbo e cioè *de*; la desinenza *-ru* deve essere scritta con uno o più segni fonetici (una *r* seguita da una *u* nella trascrizione in caratteri latini, un solo segno sillabico, る, in giapponese).
A questa esigenza in un primo tempo si provvide con l'uso di ideogrammi impiegati secondo il loro valore fonetico. Ciò dava però luogo a facili confusioni per il contemporaneo impiego nella stessa parola di caratteri aventi alcuni valore ideografico e altri valore fonetico. Con questo sistema furono scritti il *Kojiki* - il più antico libro giapponese giunto fino a noi, che risale al 712 e parla del Giappone dalla sua creazione leggendaria al VII secolo dopo Cristo - e il *Man'yōshū*, la più bella raccolta di poesie classiche giapponesi ultimata nel IX secolo.
Alle sempre più numerose difficoltà dovute all'utilizzo di ideogrammi usati secondo il loro valore fonetico pose fine la creazione dei sillabari *hiragana* e *katakana* di cui si è già parlato.
Esaminiamo ora i caratteri ideografici. Nella loro grande maggioranza i *kanji* sono composti di due parti, l'una chiamata "radicale", che esprime il significato generico del carattere, l'altra chiamata "fonetica", che fornisce la lettura del carattere stesso. Prendiamo ad esempio l'ideogramma 話 che, con l'aggiunta della desinenza す *su*, si legge 話す *hanasu* "parlare". La radicale è la metà di sinistra dell'ideogramma (言) la quale, da sola, costituisce un carattere a sé stante che corrisponde a *iu* "dire". Appare così evidente la relazione fra l'ideogramma che ha il significato di "parlare" e la sua radicale che significa "dire". La fonetica di *hanasu* è la metà di destra (舌) e diede in origine al carattere composto la sua pronuncia cinese.

Le radicali sono 214, ma soltanto una cinquantina entrano nella formazione di un numero considerevole di caratteri. Le fonetiche sono molto più numerose: quelle elencate nella classica opera del Wieger, *Caractères chinois* (1916), sono 858, ma non è necessario conoscerle tutte non avendo ormai più alcun legame con la pronuncia. I caratteri semplici (cioè quelli composti di pochi tratti) possono fungere al tempo stesso da radicali e da fonetiche, ma sono soprattutto radicali, e come tali entrano nella formazione di altri caratteri.
Un *kanji* ha generalmente due pronunce: una è derivata dalla pronuncia cinese ed è detta *on* "suono", l'altra è la pronuncia prettamente giapponese ed è detta *kun*, "lettura", "insegnamento". Alcuni caratteri hanno più di una pronuncia *on* (a seconda dell'epoca in cui sono stati introdotti in Giappone) o più di una pronuncia *kun*. In genere la pronuncia *on* viene usata quando il carattere è unito a un altro o ad altri per formare una parola composta. Ad esempio, *kūkō* "aeroporto" si scrive con i due ideogrammi 空 e 港 che vengono pronunciati con la *on*: *kū* "cielo" e *kō* "porto", cioè "porto del cielo". La pronuncia *kun* viene invece usata quando i caratteri non si trovano in composizione con altri: "cielo" si dirà allora *sora* e "porto" *minato*.
Conoscere la radicale di un carattere è importante, oltre che per comprenderne subito il significato generico, anche perché nei dizionari dei *kanji*, specialmente quelli di notevole mole, i caratteri sono ordinati appunto per radicale. Nei dizionari di piccola mole, invece, i caratteri sono di solito ordinati secondo il numero dei tratti.
I *kanji* sono circa 50.000 (vedi l'elenco riportato nel *Dai Kanwa Jiten*, il dizionario compilato nel 1959 da Morohashi), ma quelli oggi normalmente usati dai giapponesi colti sono circa 3000. E' comunque interessante sapere che, in base a una statistica del 1982 sulla quantità di ideogrammi usati in giornali e riviste, 500 ideogrammi rappresentano circa l'80% del totale usato e 1000 rappresentano circa il 94%.
I testi sono in genere stampati cominciando da quella che per noi è l'ultima pagina e sono scritti dall'alto verso il basso in colonne che si susseguono da destra verso sini-

stra; si può però anche scrivere orizzontalmente, da sinistra verso destra. Il fatto che la scrittura sia continua non pone grossi problemi perché *kanji*, *hiragana* e *katakana* sono facilmente distinguibili anche se non separati da spazi; inoltre non c'è distinzione fra maiuscola e minuscola; non esiste neppure il trattino. Infine, gli ideogrammi vanno tracciati secondo una ben determinata sequenza di segni, basata sui seguenti 9 principi di carattere generale:

1 dall'alto verso il basso: 

2 da sinistra a destra: 

3 ciascuna linea orizzontale prima della linea verticale che l'attraversa: 

4 le linee orizzontali possono a volte essere tracciate per ultime quando rappresentano segni di chiusura:

5 il segno centrale prima delle ali simmetriche:

6 la parte esterna prima di quella interna, salvo il tratto orizzontale di chiusura che va tracciato per ultimo:

7 il segno inclinato verso sinistra prima di quello inclinato verso destra: 

8 la linea verticale che attraversa tutto l'ideogramma va tracciata per ultima: 

9 la linea orizzontale che attraversa tutto l'ideogramma va tracciata per ultima: 

I CARATTERI LATINI

La traslitterazione in caratteri latini, che va sotto il nome di *rōmaji* (letteralmente "segno di Roma"), si deve ai gesuiti che la utilizzarono per la pubblicazione di testi religiosi a partire dal 1549, anno in cui giunsero in Giappone. Dopo l'apertura all'Occidente, avvenuta alla metà del secolo scorso, tale scrittura venne ripresa non più - o non soltanto - per fini religiosi, ma soprattutto per facilitare ogni tipo di rapporto con gli occidentali.
Non essendo però possibile, per le ragioni già dette e per altre ancora, sostituire col *rōmaji* la scrittura ideografica cinese, si tende oggi a ridurre il numero dei caratteri e a semplificarne le forme per rendere l'apprendimento più accessibile.
Nel 1946 il governo ha emanato un decreto che riduceva a 1850 il numero dei caratteri normalmente usati nei documenti ufficiali, nei giornali e nelle riviste: tali caratteri sono stati chiamati *tōyō kanji*, cioè "*kanji* di uso comune". Di questi, 881 sono stati introdotti nella scuola elementare (che in Giappone dura 6 anni) e denominati *kyōiku kanji* o "*kanji* di base per l'istruzione"; i rimanenti 969 venivano studiati nei tre anni della scuola media che completano la scuola dell'obbligo. Si è andato inoltre diffondendo l'uso di scrivere in *kana* (e cioè con caratteri fonetici sillabici) molte parole di largo uso per le quali non possono esservi dubbi di interpretazione.
La semplificazione delle forme, in continua evoluzione, viene in genere attuata nei caratteri che hanno un numero rilevante di tratti, sostituendo le parti più complesse dei caratteri stessi con figurazioni più semplici. E' interessante notare che anche i cinesi hanno proceduto in questo senso, ma in un modo diverso, con il risultato che oggi molti ideogrammi giapponesi sono diversi da quelli cinesi.
Nel 1981 le autorità giapponesi hanno compilato un nuovo elenco di 1945 *kanji*, detti *jōyō kanji* o "*kanji* di uso quotidiano", 996 dei quali vengono insegnati nella scuola elementare. Nel 1992 un ulteriore decreto ha portato a 1006 il numero di *jōyō kanji* insegnati nella scuola elementare.
Quanto al *rōmaji* si tratta di una scrittura sussidiaria mol-

to utile per lo studio del giapponese, addirittura indispensabile per lo straniero che lo voglia apprendere con rapidità.
Esistono vari sistemi di scrittura *rōmaji*: il più largamente usato è il sistema Hepburn - dal nome del filologo e missionario che lo adottò per primo in un dizionario (1867) - o *Hebonshiki*, letteralmente "stile di Hepburn", ed è quello seguito dagli autori di questa grammatica.
Con decreto del 1954 vi furono apportate alcune modifiche; ne nacque un nuovo tipo di alfabeto chiamato *Nipponshiki*, "stile giapponese", che è assai poco usato, e di solito in documenti ufficiali. Tale alfabeto è perciò chiamato anche *Kunreishiki*, letteralmente "stile secondo le disposizioni".
Un movimento sorto in Giappone dopo la seconda guerra mondiale ha promosso l'utilizzo corrente della scrittura alfabetica latina ma, come era prevedibile, non ha avuto alcun seguito.

PRONUNCIA E ORTOGRAFIA

Grazie alla frequenza delle vocali, all'assenza di suoni duri dovuti all'unione di più consonanti in una sola emissione di voce, e alla presenza di vocali finali nella maggior parte delle parole, la lingua giapponese è dolce, armoniosa e relativamente facile da pronunciare. Per quanto riguarda la pronuncia, l'italiano è, tra gli idiomi europei, quello che maggiormente le si avvicina e in linea di massima alle vocali viene dato il nostro stesso valore fonetico, mentre alle consonanti viene attribuita la pronuncia inglese, perché noi non potremmo rappresentare determinati suoni molto frequenti, quali *sh* e *ch*

- Per quanto riguarda la diversità delle consonanti rispetto all'italiano, in via approssimativa si può dire che:

ch si pronuncia come la **c** palatale di "cento"
g si pronuncia gutturale come in "gara"
h è sempre aspirata
j si pronuncia come la **g** palatale di "gioia"
l non esiste in giapponese: viene pertanto resa con **r**, che però a volte ha un suono intermedio fra **r** ed **l**
s è sorda come in "sasso"
sh si pronuncia come la **sc** di "scegliere"
u è quasi muta nelle sillabe *su* e *tsu*
w corrisponde a una **u** pronunciata molto rapidamente
y si pronuncia **i** ed è considerata una consonante

! la *m*, che non esiste come lettera a sé stante, viene scritta *n* davanti a *b*, *p* e *m*. Quindi 辛抱 しんぼう *shinbō* **pazienza** (e non "shimbō"), あんまり *anmari* **troppo** (e non "ammari")

! la *n*, quando non è chiaro se appartiene alla sillaba che la precede o a quella che la segue, viene scritta con un apostrofo che serve a evitare equivoci nella divisione sillabica: 電話 でんわ *den'wa* **telefono**

! la consonante doppia viene espressa da uno *tsu* (つ)

scritto in piccolo e posto prima del segno sillabico che contiene la consonante da raddoppiare (学校 がっこう *gakkō* "scuola")

! vi sono numerose contrazioni e modifiche eufoniche in parole che vengono a contatto fra loro o addirittura si fondono

- Le vocali possono essere brevi o lunghe; queste ultime, di solito, sono contrassegnate in *rōmaji* da un trattino posto al di sopra (come in questa grammatica, salvo il caso della *i* per maggior chiarezza visiva) oppure raddoppiate per ragioni tipografiche; nell'alfabeto *hiragana* vengono indicate come segue: per *a*, *e*, *i* e *u* si raddoppia la vocale (*obāsan* " nonna" si scrive おばあさん *obaasan*), per *o* si aggiunge una *u* (*byōki* "malattia" si scrive びょうき *byouki*) salvo in おおきい *ōkii* "grande", おおい *ōi* "numeroso" , とおい *tōi* "lontano" e とおり *tōri* "via", che raddoppiano la *o*; nell'alfabeto *katakana* le vocali vengono indicate con la semplice aggiunta di un trattino posto dopo il carattere sillabico (コーヒー *kōhii* "caffè").

- Salvo il caso della *w* seguita da *a* o da *o*, in giapponese non vi sono dittonghi veri e propri. Quando due vocali si susseguono, per esempio *ae*, *ai*, *au*, *ei*, *oi* ecc., vanno pronunciate come se fossero staccate, con una leggera attenuazione del suono della seconda. A volte però si incontrano vocali accoppiate che assumono l'aspetto di dittonghi. Ciò accade per lo più nelle parole di origine cinese, come 脈 みゃく *myaku* **polso** (battito); 客 きゃく *kyaku* **ospite**; 百 ひゃく *hyaku* **cento**, che si pronunciano rispettivamente *myáku*, *kyáku*, *hyáku*. Poiché però nella scrittura giapponese con i caratteri fonetici il みゃ *myá* di *myaku* si scriverebbe nello stesso modo di みや *miya* **tempio** (shintoista), il segno や *ya* è stato ridotto e spostato verso il basso quando si scrive orizzontalmente e verso destra quando si scrive verticalmente. Lo stesso dicasi per il *kyá* di *kyaku* e per lo *hyá* di *hyaku*.

- Nelle parole composte, così come nell'aggiunta di particelle ausiliarie, si verifica spesso la nigorizzazione del secondo componente. Vale a dire si passa, per ragioni eufoniche, dalla sillaba con consonante sorda alla corrispondente sillaba con consonante sonora e cioè, facendo riferimento alle tabelle precedenti, dai suoni puri a quelli impuri: per esempio *ka* diventa *ga*, *ta* diventa *da* ecc. La differenza fra じ e ぢ, e tra ず e づ che, come si vede nelle tabelle, si leggono allo stesso modo, è convenzionale. Precisamente solo quando il secondo elemento, da solo, comincia con ち o つ tali segni vengono usati con la nigorizzazione e diventano ぢ e づ.

! La particella *wa* si scrive col segno che rappresenta la sillaba は *ha*.

! La particella *e* si scrive col segno che rappresenta la sillaba へ *he*.

! La particella *o* si scrive col segno che rappresenta la *(w)o* nella riga わ *wa* (vedi tabella I).

- Per una pronuncia corretta occorre considerare le varie sillabe come sprovviste di qualsiasi accento tonico; ciò nonostante, viene spontaneo dare una lieve accentuazione alla sillaba che precede una consonante doppia e a quella che contiene una vocale lunga.

SEGNI DI INTERPUNZIONE E ALTRI

- I segni di interpunzione nella scrittura giapponese sono due: un piccolo tratto (、) che viene chiamato *ten* **punto** e corrisponde all'incirca alla nostra virgola, e un cerchietto (。) che viene chiamato *maru* **cerchio** e corrisponde al nostro punto. Essi però non sempre vengono collocati là dove noi poniamo le virgole e i punti, ma dove nella lettura ad alta voce vengono fatte le pause. E poiché nella lingua giapponese le pause

rispondono a criteri diversi dai nostri, vi sono tra le due lingue notevoli diversità d'uso che soltanto col tempo e con la pratica possono essere apprese.
Nel dopoguerra, i giapponesi hanno cominciato a usare qualche volta anche il punto interrogativo e il punto esclamativo, uguali a quelli italiani.
Inoltre nella scrittura giapponese, che come si è visto è costituita da ideogrammi e dai segni fonetici dei due sillabari *hiragana* e *katakana*, la ripetizione dei caratteri cinesi nella stessa parola viene rappresentata col segno 々 (度々 *tabitabi* "spesso"); la ripetizione dei *kana* viene invece rappresentata col segno ヽ o ヾ se i caratteri sono disposti in senso orizzontale e si susseguono da sinistra verso destra, col segno 〱 se sono disposti nella tipica maniera giapponese in senso verticale, dall'alto verso il basso. Esistono infine le parentesi tonde, che si usano come in italiano.

- A volte, specialmente nei giornali e nei libri di grande diffusione, destinati a una massa di lettori di medio o basso livello culturale, a fianco degli ideogrammi che si riferiscono a nomi propri di persone, luoghi ecc., o di ideogrammi poco noti, è riportata la pronuncia scritta in *kana*. Questo tipo di scrittura interlineare viene chiamata *furigana*, cioè "caratteri di accompagnamento", ed è molto utile anche agli stranieri.

- Nel *rōmaji* i segni di interpunzione sono quelli che usiamo nella nostra scrittura ma si limitano al punto, alla virgola, talvolta al punto interrogativo e a quello esclamativo.

CARATTERISTICHE ESSENZIALI

- L'**origine** della lingua giapponese non è chiara. Sostanzialmente si tratta di una lingua a sé (ha solo qualche affinità col coreano), risultato di diversi flussi linguistici portati nell'arcipelago da diversi gruppi etnici: dal nord sarebbero discesi gli ainu, una tribù somaticamente vicina alla razza bianca che abitò nella preistoria le isole giapponesi; dal sud giunsero in un secondo tempo genti polinesiane che sottomisero gli ainu e divennero il nucleo principale della popolazione giapponese; dall'ovest sarebbero poi arrivate tribù uralo-altaiche e successivamente coreani (artigiani, artisti o dotti invitati alla corte imperiale giapponese, ecc.). Quel che è certo è che la lingua giapponese è nettamente diversa da quella cinese: gli unici legami sono, come si è già visto, la scrittura ideografica e le parole di origine cinese introdotte nel vocabolario giapponese.

- Il giapponese è **polisillabico**, le parole sono cioè formate generalmente da più sillabe (un'altra differenza rispetto al cinese, che è monosillabico).

- La lingua giapponese manifesta anche la caratteristica dell'**agglutinazione**: molte parole infatti sono un complesso di elementi congiunti, non fusi e separabili (per esempio 受け取ったら *uke-totta-ra* **se avessi ricevuto**). Vi sono inoltre molte parole composte vere e proprie (per esempio 天の川 *amanogawa* **Via Lattea**, letteralmente "fiume del cielo").

- La lingua giapponese ha **parti del discorso variabili**: i verbi e gli aggettivi vengono infatti coniugati e i sostantivi, che non hanno declinazione, sono seguiti da particelle che indicano i vari casi (posposizioni dei casi).

- La **costruzione della frase**, di cui parliamo subito perché è quasi rovesciata rispetto alla nostra - un'altra differenza con il cinese - ha il seguente schema: soggetto, complementi indiretti, complemento oggetto, verbo:

生徒 は 先生 に 手紙 を 書く
seito wa sensei ni tegami o kaku
scolaro (**lo**) **maestro al lettera** (**una**) **scrive**
lo scolaro scrive una lettera al maestro

- Attributi, complementi di specificazione, avverbi, proposizioni relative **precedono** sempre il nome a cui si riferiscono e vengono classificati come "modificatori del nome". Questo vale anche quando il nome è il soggetto, il quale perciò non si troverà più all'inizio della frase ma sarà preceduto dai suddetti elementi grammaticali:

面白い 本
omoshiroi hon
interessante libro
un libro interessante

生徒 の 本
seito no hon
scolaro dello libro
il libro dello scolaro

早く 歩く
hayaku aruku
velocemente cammina
cammina velocemente

子供 は 買った りんご を 食べる
kodomo wa katta ringo o taberu
bambino (il) **ha comprato** mela (la) mangia
il bambino mangia la mela che ha comprato

! Anche la proposizione secondaria precede sempre la principale; in definitiva in giapponese ciò che è secondario precede ciò che è principale, e quindi **viene messo in rilievo ciò che è secondario**:

学生 が 着いた 時 雨 が 降って
gakusei ga tsuita toki ame ga futte
studenti (**gli**) **arrivarono quando** pioggia (la) cadendo

いました
imashita
stava
pioveva quando arrivarono gli studenti

- La proposizione **interrogativa** ha la stessa costruzione di quella non interrogativa, con la sola aggiunta della particella finale *ka*:

  本　を　読みました　か
  hon o yomimashita ka
  libro (il) ha letto ?
  ha letto il libro?

- **Mancano** il **genere** e il **numero**, che di solito si deducono dal contesto, i **pronomi relativi** (vedi l'esempio della mela) e gli **articoli**; nelle frasi precedenti si è infatti tradotto come articolo ciò che in realtà è una particella che serve a indicare il caso. Questo accorgimento didattico sarà mantenuto nella parte iniziale della grammatica.

- Esiste una categoria di **aggettivi** che, in funzione di predicato nominale, si coniugano come i verbi.

- Il **verbo** ha una forma unica per ogni singolo tempo, cioè non si hanno variazioni a seconda che il soggetto sia in prima, seconda o terza persona singolare o plurale. E' una caratteristica che contribuisce all'indeterminatezza tipica della lingua giapponese, dato che il soggetto e il complemento oggetto vengono facilmente omessi. Vi sono **due forme**, una detta "gentile" o "formale", che si ottiene col verbo ausiliario onorifico ます *masu*, e una detta "piana" o "informale". La costruzione **passiva** è possibile anche con un verbo intransitivo.

- Molte sono le **forme onorifiche**, gentili.

- Vi è una particolare forma di **linguaggio femminile** e una di linguaggio **maschile**.

POSPOSIZIONI DEI CASI

In giapponese non esistono articoli né preposizioni. Esistono però delle particelle che adempiono alla funzione delle nostre preposizioni e indicano anche qual è il soggetto e quale il complemento oggetto. Queste particelle seguono il nome cui si riferiscono e pertanto vengono chiamate "posposizioni dei casi".

- **Soggetto** (nominativo): が *ga*

L'uso di *ga* è obbligatorio:

- col soggetto di una proposizione secondaria:

雨	が	降った	ので	公園	へ	行かなかった
ame	*ga*	*futta*	*node*	*kōen*	*e*	*ikanakatta*
pioggia	**la**	è caduta	poiché	parco	al	non sono andato

non sono andato al parco perché ha piovuto

- nelle proposizioni interrogative quando il soggetto è un pronome interrogativo:

だれ	が	来ました	か
dare	*ga*	*kimashita*	*ka*
chi	è	venuto	?

! In luogo di *ga* si usa は *wa* quando si vuol indicare il tema della frase o del discorso. Il tema può coincidere con il soggetto, come nel primo esempio, ma può anche essere, come nel secondo, un complemento della frase (complemento oggetto, complemento di luogo o di tempo):

この	本	は	面白い
kono	*hon*	*wa*	*omoshiroi*
questo	**libro**		interessante

questo libro è interessante

この	店	に	は	珍しい	物	が	ある
kono	*mise*	*ni*	*wa*	*mezurashii*	*mono*	*ga*	*aru*
questo	**negozio**	**in**		rari	oggetti	dei	vi sono

in questo negozio ci sono oggetti rari

! Nelle proposizioni relative *ga* può essere sostituito da の *no* :

子供	の	言った	こと	は	面白かった
kodomo	*no*	*itta*	*koto*	*wa*	*omoshirokatta*
bambino	**il**	ha detto	cose	le	erano divertenti

le cose che il bambino ha detto erano divertenti

- Complemento di **specificazione** (genitivo): の *no*

これ	は	昨日	の	新聞	です
kore	*wa*	*kinō*	*no*	*shinbun*	*desu*
questo		**ieri**	**di**	giornale	è

questo è il giornale di ieri

- Complemento di **termine** (dativo): に *ni*

先生	に	手紙	を	書く
sensei	*ni*	*tegami*	*o*	*kaku*
maestro	**al**	lettera	una	scrivo

scrivo una lettera al maestro

- Complemento **oggetto** (accusativo): を *o*

子供	は	りんご	を	食べる
kodomo	*wa*	*ringo*	*o*	*taberu*
bambino	il	**mela**	**la**	mangia

il bambino mangia la mela

- Complemento di **tempo**: に *ni*

九時	に	事務所	へ	行く
kuji	*ni*	*jimusho*	*e*	*yuku*
nove	**alle**	ufficio	in	vado

vado in ufficio alle nove

- Complemento di **stato in luogo**: で *de*

日本	で	マリオ	に	会いました
Nihon	*de*	*Mario*	*ni*	*aimashita*
Giappone	**in**	Mario	con	mi sono incontrato

ho incontrato Mario in Giappone

この	本	は	鎌倉	で	買いました
kono	*hon*	*wa*	*Kamakura*	*de*	*kaimashita*
questo	libro		**Kamakura**	**a**	ho comprato

ho comprato questo libro a Kamakura

! si noti l'uso di *wa* invece di *o* trattandosi del tema del discorso. In casi del genere il complemento va messo sempre all'inizio della frase e la posposizione *o* cade (quando si tratta di un complemento indiretto, la posposizione viene invece mantenuta, come nell'esempio del negozio alla fine di pag. 25)

! Si usa に *ni* solo con ある *aru* **essere** col significato di "esistere", "trovarsi" riferito a cose, いる *iru* **essere** col significato di "esistere", "trovarsi" riferito a esseri animati, 住む *sumu* **vivere**, 止まる *tomaru* **fermarsi** e qualche altro verbo:

生徒 は 学校 に いる
seito wa gakkō ni iru
scolaro lo **scuola a** è
lo scolaro è a scuola

本 が ここ に ある
hon ga koko ni aru
libro il **questo luogo in** è
il libro è qui

- Complemento di **moto a luogo**: へ *e*

アメリカ へ 行く
Amerika e iku
America in vado
vado in America

! Si usa に *ni* quando si vuol mettere in evidenza l'arrivo in un determinato luogo, la destinazione:

学校 に 行く
gakkō ni iku
scuola a vado
vado a scuola

- Complemento di **moto verso luogo**: へ *e*

右 へ 行く
migi e iku
destra verso vado
vado verso destra

- Complemento d'**agente**: から *kara*

友達	から	本	を	もらった
tomodachi	*kara*	*hon*	*o*	*moratta*
amico	**da**	libro	un	ho ricevuto

ho ricevuto un libro da un amico

! Si preferisce に *ni* nelle forme passiva e causativa del verbo:

手紙	は	友達	に	読まれた
tegami	*wa*	*tomodachi*	*ni*	*yomareta*
lettera	la	**amico**	**da**	è stata letta

la lettera è stata letta da un amico

母	に	手紙	を	書かされた
haha	*ni*	*tegami*	*o*	*kakasareta*
mia madre	**da**	lettera	una	mi è stata fatta scrivere

mia madre mi ha fatto scrivere una lettera

! essendo *haha* il termine familiare per "madre", viene usato per indicare la propria madre

- Complemento di **moto da luogo**, **origine**, **durata nel tempo**: から *kara*

酒	は	米	から	出来る
sake	*wa*	*kome*	*kara*	*dekiru*
sake	il	**riso**	**da**	deriva

il sake si ricava dal riso

日本	から	来ました
Nihon	*kara*	*kimashita*
Giappone	**da**	sono venuto

sono venuto dal Giappone

明日	から	学校	が	始まります
asu	*kara*	*gakkō*	*ga*	*hajimarimasu*
domani	**da**	scuola	la	comincia

da domani comincia la scuola

- Complemento di **mezzo** o **strumento**: で *de*

地下鉄	で	事務所	へ	行く
chikatetsu	*de*	*jimusho*	*e*	*iku*
metropolitana	**con**	ufficio	in	vado

vado in ufficio in metropolitana

車 で 旅行 します
kuruma de ryokō shimasu
macchina con viaggio faccio
viaggio in macchina

- Complemento di **compagnia**: と *to*, と一緒に *to issho ni* (lett.“ in compagnia di”)

マリオ と アメリカ へ 行く
Mario to Amerika e iku
Mario con America in vado
vado in America con Mario

SOSTANTIVI

GENERE, NUMERO E DECLINAZIONE

Il nome non ha di regola né genere né numero né declinazione (come si è visto, esistono però le particelle dei casi): 先生 *sensei* significherà perciò **maestro**, **maestra**, **maestri**, **maestre**.

- Se occorre specificare il sesso delle persone (i giapponesi, lo si ricordi, tendono però all'indeterminatezza) si premette

男 / 男性の	*otoko / dansei no*	**maschile / sesso maschile**
女 / 女性の	*onna / josei no*	**femminile / sesso femminile**

ai nomi ai quali si riferiscono:

男の先生	*otoko no sensei*	**il maestro**
女の先生	*onna no sensei*	**la maestra**

! Si preferisce evitare l'uso di *otoko* "uomo" e *onna* "donna" da soli; al loro posto si dice *otoko no hito* e *onna no hito*.

! In molti casi, soprattutto con i nomi di parentela, il sesso è indicato da parole apposite: 父 *chichi* **padre**, 母 *haha* **madre**, 兄 *ani* **fratello maggiore**, 姉 *ane* **sorella maggiore**, 弟 *otōto* **fratello minore**, 妹 *imōto* **sorella minore** ecc.

- Per specificare il sesso di un animale si premette

雄	*osu*	per indicare il maschio
雌	*mesu*	per indicare la femmina

ai nomi ai quali si riferiscono:

猫	*neko*	**gatto** in genere
雄猫	*osuneko*	**gatto maschio**
雌猫	*mesuneko*	**gatta**

! In qualche caso si usano i prefissi お *o* oppure め *me*

牛	*ushi*	**bue, mucca**
お牛	*oushi*	**bue**
め牛	*meushi*	**mucca**

- Quanto al numero è da osservare quanto segue:

- per persone e cose, in alcuni casi il plurale viene reso mediante il raddoppiamento della parola:

人	*hito*	**persona**
人々	*hitobito*	**persone**

! nel raddoppio *hito* è diventato *bito* per ragioni eufoniche

- in altri casi, e solo se si tratta di persone, il plurale si può formare con le particelle たち *tachi* o ら *ra* usate come suffissi:

私	*watakushi*	**io**	私たち	*watakushi-tachi*	**noi**
子供	*kodomo*	**bambino**	子供たち	*kodomo-tachi*	**bambini**
彼	*kare*	**egli**	彼ら	*kare-ra*	**loro**

TIPI DI NOMI

Nomi comuni concreti

- La categoria più numerosa è quella dei sostantivi che indicano gli esseri e gli oggetti di una stessa specie. Per esempio 家 *uchi* **casa** e 石 *ishi* **pietra**, 木 *ki* **albero** e 花 *hana* **fiore**; e così via.

- Segue per importanza la categoria che comprende i sostantivi legati a verbi, che indicano l'azione, il risultato dell'azione e lo strumento dell'azione. Questi nomi si identificano con una forma verbale chiamata, come vedremo," base indefinita", che termina quasi sempre con la vocale *i* e solo in pochi casi con la vocale *e*. Avremo così:

嘆き *nageki* **lamento** da 嘆く *nageku* lamentarsi

間違い *machigai*	**errore**	da 間違う	*machigau*	sbagliare
笑い *warai*	**riso**	da 笑う	*warau*	ridere
腰掛け *koshikake*	**sedia**	da 腰掛ける	*koshikakeru*	sedersi

- Vi è poi una categoria comprendente parole composte che si ottengono aggiungendo *mono* alla base indefinita di un verbo, a un sostantivo o a un aggettivo: questa parola, di uso molto frequente, significa sia "cosa", "oggetto" sia "persona", "individuo". Entrambi i significati, ai quali corrispondono nella scrittura due *kanji* diversi (物 *mono* **oggetto**, 者 *mono* **persona**), trovano impiego nella formazione dei nomi di cui si parla. Per esempio 着る *kiru* **indossare** ha come base indefinita 着 *ki*; aggiungendovi *mono* **oggetto** si ha 着物 *kimono*, il tradizionale abito giapponese, letteralmente l'oggetto che uno indossa.

Nomi comuni astratti

- La categoria più numerosa è quella dei sostantivi che esprimono una qualità, un sentimento, un modo di essere, un'idea: 精神 *seishin* **spirito**, 文明 *bunmei* **civiltà**, 文化 *bunka* **cultura**.

- Vi sono poi sostantivi astratti che derivano da una particolare categoria di aggettivi e che si possono formare nei seguenti modi:

  - sostituendo la sillaba さ *sa* alla *i* con cui terminano questi aggettivi:

    暑い *atsui* caldo　　暑さ *atsusa* il caldo

    今日の暑さ
    kyō no atsusa
    il caldo di oggi

    ! c'è un altro aggettivo che si pronuncia allo stesso modo, ma ha un altro significato e un altro ideogramma. Si tratta di 厚い atsu*i* "spesso", "grosso", che dà luogo a un altro sostantivo astratto 厚さ atsu*sa* spessore:

壁の厚さ
kabe no atsusa
lo spessore della parete

- sostituendo la sillaba み *mi* alla *i* dei predetti aggettivi:

楽しい *tanoshii* piacevole 楽しみ *tanoshimi* piacere
苦しい *kurushii* sofferente 苦しみ *kurushimi* sofferenza

楽しみがありません
tanoshimi ga arimasen
non c'è **piacere**

- Per esprimere concetti astratti sono largamente usate anche locuzioni formate con こと *koto* **fatto**:

読むこと
yomu koto
la lettura (lett. **il fatto di leggere**)

Nomi composti

I nomi composti sono numerosissimi nella lingua giapponese, caratteristica questa che ha molto contribuito in passato a farle attribuire la qualifica di agglutinante. Si possono formare unendo fra loro sostantivi, radici di aggettivi e basi indefinite di verbi:

肉屋 *nikuya* macelleria
肉 *niku* **carne**, 屋 *ya* **negozio**

地下鉄 *chikatetsu* metropolitana
地 *chi* **terra**, 下 *ka* **parte inferiore**, 鉄 *tetsu* **ferro**

赤金 *akagane* rame
赤い *akai* **rosso**, 金 *kane* **metallo**

金持ち *kanemochi* ricco
金 *kane* **denaro**, 持ち *mochi* da 持つ *motsu* **avere**

Si noti in particolare quest'ultimo termine formato da due parole di origine giapponese (e quindi con pronuncia *kun*) con struttura sostantivo-verbo tipica del giapponese. Così si comporta anche 腹切り *harakiri* "suicidio mediante il

taglio del ventre" (腹 *hara* **ventre**, 切り *kiri* da 切る *kiru* **tagliare**).
Esaminiamo ora il termine 切腹 *seppuku* che significa sempre "suicidio mediante il taglio del ventre" ed è formato dagli stessi *kanji*. La differenza consiste nella pronuncia *kun* (giapponese) nel caso di *harakiri* e *on* (cinese) nel caso di *seppuku*; quest'ultimo è formato da *setsu*, pronuncia *on* di *kiru*, e *fuku*, pronuncia *on* di *hara* (*setsufuku* diventa *seppuku* per ragioni eufoniche). Si noti la costruzione cinese in cui i due termini che formano la parola composta *seppuku* sono disposti: prima il verbo e poi il sostantivo, e cioè in modo inverso rispetto a *harakiri*.
E' bene pure ricordare che tali nomi, al di là del loro significato letterale, hanno a volte usi diversi legati alla storia e alla cultura del Giappone. Per esempio il *seppuku* è la versione "addolcita" dello *harakiri* e precisamente nel *seppuku*, dopo che il suicida si è conficcato la spada nel ventre, un seguace gli taglia la testa con un colpo della sua spada. Questo rituale è stato per esempio applicato nello spettacolare suicidio del famoso scrittore giapponese Mishima.

Nomi alterati

Esaminiamo ora i nomi alterati, e cioè gli accrescitivi e i diminutivi che nella lingua giapponese trovano largo impiego.

- Gli **accrescitivi** si formano:
  - aggiungendo il prefisso 大 *ō* ai nomi prettamente giapponesi. Tale prefisso non è altro che la radice della pronuncia *kun* del *kanji* di 大きい *ōkii* , **grande**:

大口	*ōguchi*	grande bocca	da	口	*kuchi*	bocca
大雨	*ōame*	pioggia abbondante	da	雨	*ame*	pioggia
大風	*ōkaze*	forte vento	da	風	*kaze*	vento

  - aggiungendo il prefisso 大 *tai* o *dai*, e cioè una delle pronunce *on* dello stesso *kanji* di *ōkii* ai nomi di origine cinese: ad esempio 大仏 *Daibutsu* **il grande Buddha** (con questo nome vengono indicate le colossali statue del Buddha esistenti a Nara, a Kamakura o in altre località del Giappone) è formato da 仏 *butsu*, pronuncia *on* del *kanji* di *Hotoke* (pronuncia *kun* di Buddha) e dal prefisso *dai*. E così 大学 *daigaku* **università** viene da 大 *dai* + 学 *gaku*, pronuncia *on* di *manabu* **studiare**.

- I **diminutivi** si formano:
  - aggiungendo il prefisso 小 *ko*, e cioè una delle pronunce *kun* del *kanji* di 小さい *chiisai* **piccolo**, ai nomi prettamente giapponesi:

    小指 *koyubi* **mignolo** da 小 *ko* + 指 *yubi* dito

  - aggiungendo il prefisso 小 *shō*, pronuncia *on* dello stesso *kanji* di *chiisai*, ai nomi di origine cinese:

    小学校 *shōgakkō* **scuola elementare** da *shō* + 学校 *gakkō* scuola

Nomi propri

- In Giappone, come nella maggior parte dei paesi, ogni persona ha due nomi: il cognome, 名字 *myōji*, e il nome, 名前 *namae*. Di regola il cognome precede il nome e tutti e due possono avere un significato:

川村 *Kawamura*	da 川 *kawa*	**fiume**	e 村 *mura*	**villaggio**
田中 *Tanaka*	da 田 *ta*	**risaia**	e 中 *naka*	**dentro**
良男 *Yoshio*	da 良 *yoshi*	**buono**	e 男 *o*	**ragazzo**
春子 *Haruko*	da 春 *haru*	**primavera**	e 子 *ko*, suffisso facoltativo per i nomi femminili	

- I nomi dei templi buddhisti terminano quasi tutti in 寺 *ji* (pronuncia *on*), essendo per lo più formati da parole di origine cinese:

法隆寺	*Hōryūji*	il più antico **tempio** (sec. VII) nei pressi di Nara
東大寺	*Tōdaiji*	il grande **tempio** orientale (sec. VIII) a Nara

! Se le parole che compongono i nomi dei templi sono di origine giapponese il suffisso sarà 寺 *tera* (pronuncia *kun* del *kanji* di *ji*):

清水寺	*Kiyomizudera*	il **tempio** dell'acqua pura (sec. VIII) a Kyoto

- I nomi dei templi shintoisti (lo shintoismo è la religione tradizionale giapponese) terminano in 神宮 *jingū* o 神社 *jinja*:

平安神宮	*Heianjingū*	il **tempio** Heian (1895) a Kyoto
靖国神社	*Yasukunijinja*	il **tempio** dei caduti in guerra (1869) a Tokyo
明治神宮	*Meijijingū*	il **tempio** Meiji (sec. XIX) a Tokyo

- I nomi delle montagne sono seguiti dalla parola 山 *yama* (pronuncia *kun*) o *san* (pronuncia *on*) che significa **montagna**:

富士山	*Fujiyama*	il **monte** Fuji
富士山	*Fujisan*	il **monte** Fuji

- I nomi delle città possono essere seguiti dal suffisso 市 *shi* **città**:

横浜市	*Yokohamashi*	la **città** di Yokohama
ミラノ市	*Miranoshi*	la **città** di Milano

- I nomi delle isole a volte sono seguiti dalla parola 島 *shima* **isola**:

大島	*Oshima*	grande **isola**
松島	*Matsushima*	**isole** dei pini (arcipelago nel nord del Giappone)

- I nomi dei fiumi sono seguiti dalla parola 川 *kawa* **fiume**:

墨田川	*Sumidagawa*	il **fiume** Sumida (passa per Tokyo)
鴨川	*Kamogawa*	il **fiume** Kamo (passa per Kyoto)
淀川	*Yodogawa*	il **fiume** Yodo (passa per Osaka)

Nomi di origine straniera

A parte quelli di origine cinese che, come si è visto, sono entrati a far parte del vocabolario giapponese fin dal VI secolo (epoca in cui si cominciò a utilizzare la scrittura ideografica) molti altri nomi di origine straniera sono stati introdotti a partire dal XVI secolo, quando vi furono i primi contatti con gli occidentali. Tutti questi nomi sono stati adattati all'alfabeto giapponese. E' il caso di

ビジネス	*bijinesu*	**affari**
エレベーター	*erebētā*	**ascensore**
バス	*basu*	**autobus**
コップ	*koppu*	**bicchiere**
ビール	*biiru*	**birra**
コーヒー	*kōhii*	**caffè**
コンピューター	*konpyūta*	**computer**
ハンカチ	*hankachi*	**fazzoletto**
スイッチ	*suicchi*	**interruttore**
ランプ	*rampu*	**lampada**
パン	*pan*	**pane**
パソコン	*pasokon*	**personal computer**
サラリー	*sararii*	**salario**
スーパーマーケット	*sūpāmāketto*	**supermercato**

PRONOMI

- In origine i pronomi giapponesi erano veri e propri sostantivi usati in una sorta di discorso indiretto, che in certi casi e in certe forme ancora sopravvive. Esprimono in genere posizioni umili se chi parla o scrive si riferisce a sé stesso o a inferiori; elevate, nobili se si riferisce a persone di posizione sociale superiore. Una volta, un servo che si rivolgeva al padrone non diceva "vi ho portato il tè", ma "il vostro servitore vi ha portato il tè". La parola "servitore" veniva espressa con ぼく *boku*. Ebbene oggi, nel linguaggio familiare maschile giovanile, questo termine viene usato per esprimere il pronome "io", mentre 君 *kimi*, che vuol dire "principe", viene usato per esprimere il pronome "tu", e così via.

- A ogni modo è da tener presente che l'indeterminatezza caratteristica della lingua giapponese, come appare anche dalla natura impersonale del verbo, porta a evitare per lo più l'uso del pronome personale: per comprendere di chi si parla è necessario quindi riferirsi al senso generale della frase o basarsi sulla forma più o meno gentile del verbo e sui prefissi e suffissi onorifici. Gli stranieri di solito, non conoscendo bene alcune peculiarità della lingua giapponese e ritenendo indispensabile esprimere il pronome personale, lo impiegano quasi sempre, mentre i giapponesi ne fanno raramente uso, limitandolo a quei casi in cui potrebbe verificarsi qualche equivoco o se chi parla o scrive vuol dare enfasi al discorso.

- Tutti i pronomi prendono le particelle dei casi e le posposizioni come i sostantivi e, di regola, non hanno né genere né numero.

- Prima di passare a esaminare i vari pronomi si ricorda che l'uso degli stessi è legato, a seconda dei casi, all'uso della forma onorifica o piana dei verbi.

! Per certi pronomi di largo uso è indifferente utilizzare l'ideogramma o la scrittura in *hiragana*.

PRONOMI PERSONALI

Prima persona singolare

In ordine decrescente di cortesia:

- 私　わたくし　*watakushi*
  termine normale per uomini e donne:

  私は日本人です
  watakushi wa Nihonjin desu
  io sono giapponese

- 私　わたし　*watashi*
  termine colloquiale per uomini e donne:

  私は日本人です
  watashi wa Nihonjin desu
  io sono giapponese

- 僕　ぼく　*boku*
  familiare maschile solo per giovani:

  ぼくは日本人だ
  boku wa Nihonjin da
  io sono giapponese

- おれ　*ore*
  molto familiare, solo per uomini:

  おれは日本人だ
  ore wa Nihonjin da
  io sono giapponese

! Per la donna non esistono termini familiari.

Seconda persona singolare

In ordine decrescente di cortesia:

- 貴方　あなた　*anata*
  di largo uso per uomini e donne, equivale al pronome di cortesia italiano:

あなたは行きますか
anata wa iki masu ka
Lei va ?

! Rivolgendosi a superiori, in luogo di *anata* si usa di solito il titolo professionale e si esprime rispetto usando le forme onorifiche del verbo:

中村領事は、ローマへいらっしゃいますか
Nakamura ryōji wa, Rōma e irasshaimasu ka
signor console Nakamura, andrà a Roma?
(si noti il titolo e il verbo onorifico corrispondente a *iku*)

下井先生、お元気ですか
Shimoi sensei , o-genki desu ka
professor Shimoi, come sta (lett. è in buona salute)?
(si noti il titolo, il prefisso onorifico e il verbo onorifico corrispondente a *da*)

- 君 きみ *kimi*
  familiare maschile, solo per giovani, rivolto a eguali o inferiori:

  君は行くか
  kimi wa iku ka
  tu vai ?

- お前 おまえ *omae*
  familiare, solo per uomini, rivolto a eguali o inferiori:

  お前は小さかった
  omae wa chiisakatta
  eri piccolo

Terza persona singolare

- 彼 かれ *kare*
  familiare o anche neutro, con riferimento a un uomo ben conosciuto, uguale o inferiore a chi parla:

  彼は親切だった
  kare wa shinsetsu datta
  lui è stato gentile

- 彼女 かのじょ *kanojo*
  familiare o anche neutro, con riferimento a una donna ben conosciuta, uguale o inferiore a chi parla:

彼女はきれいだった
kanojo wa kirei datta
lei era bella

- この方　このかた　*kono kata*

onorifico di rispetto, riferito a uomini e donne, per indicare una persona presente vicina a chi parla, alla quale si deve rispetto o che non è ben conosciuta (方 *kata* è il corrispondente onorifico di 人 *hito* **persona**):

この方はお医者さんです
kono kata wa o-ishasan desu
questo signore è medico

! Al posto di *kono kata* si può a volte usare こちら *kochira*.

- その方　そのかた　*sono kata*

come il precedente, ma riferito a persona vicina a chi ascolta:

その方は技師です
sono kata wa gishi desu
quel signore è ingegnere

! Al posto di *sono kata* si può a volte usare そちら *sochira*.

- あの方　*ano kata*

come il precedente, ma riferito a persona lontana sia da chi parla sia da chi ascolta:

あの方は弁護士です
ano kata wa bengoshi desu
quel signore è avvocato

! Al posto di *ano kata* si può a volte usare あちら *achira*.

- この人　*kono hito*　questa persona
- その人　*sono hito*　quella persona
- あの人　*ano hito*　quella persona

hanno lo stesso uso dei precedenti, ma sono un po' meno gentili.

Il plurale dei pronomi personali si ottiene con l'aggiunta di suffissi particolari alle forme del singolare; le modalità di impiego sono le stesse.

Prima persona plurale

- 私達　わたくしたち *watakushi-tachi*
- 私達　わたしたち *watashi-tachi*
- 僕達　ぼくたち *boku-tachi*
- 僕等　ぼくら *boku-ra*
- おれたち *ore-tachi*

! il suffisso *tachi* è lo stesso che serve a formare il plurale dei nomi comuni o propri di persona ed è "gentile", mentre *ra* è "familiare"

Seconda persona plurale

- 貴方がた　あなたがた *anata-gata*
- 貴方達　あなたたち *anata-tachi*
- 君達　きみたち *kimi-tachi*
- お前たち　おまえたち *omae-tachi*

! il suffisso *gata* è più gentile di *tachi*

- 皆 *mina* **tutti**, pur essendo un sostantivo, adempie alla funzione di pronome di seconda persona plurale. Con l'aggiunta dei suffissi onorifici 様 *sama* e さん *san* si avrà:

- 皆様 *minasama* onorifico di rispetto usato per rivolgersi a un gruppo di persone (per esempio da un conferenziere)

- 皆さん *minasan* come il precedente, ma un po' meno gentile (usato per esempio da un docente con i suoi studenti)

Terza persona plurale

- 彼ら *kare-ra*
- 彼女たち *kanojo-tachi*
- この方たち *kono kata-tachi*
  この人たち *kono hito-tachi*
- その方たち *sono kata-tachi*
  その人たち *sono hito-tachi*
- あの方たち *ano kata-tachi*
  あの人たち *ano hito-tachi*

! Anche *kochira*, *sochira* e *achira* possono a volte essere usati.

Alcuni filologi includono tra i pronomi personali dei sostantivi che esistono anche in italiano e che sono usati quando ci si rivolge o si parla di sovrani, principi e alte personalità:

- 陛下 *Heika* **Vostra, Sua Maestà**
- 殿下 *Denka* **Vostra, Sua Altezza**
- 閣下 *Kakka* **Vostra, Sua Eccellenza**

Con valore di pronome si usa anche:

- 先生 *sensei* **maestro, professore, insegnante** o da solo come appellativo onorifico (e allora viene tradotto semplicemente con "Lei") o posto subito dopo il nome (e allora assume il significato di "dottor"). Vale per la seconda e la terza persona singolare e plurale.

PRONOMI E AGGETTIVI POSSESSIVI

- Non vi sono in giapponese pronomi e aggettivi possessivi veri e propri. La loro funzione è assolta dai pronomi personali seguiti dalla posposizione *no* **di**:

あなたの本は面白いですか
anata no ***hon wa omoshiroi desu ka***
il **Suo** libro è interessante ?

はい、私の本は面白いです
hai, watakushi no hon wa omoshiroi desu
sì, il **mio** libro è interessante

- Quando ci si riferisce a cose, gli aggettivi possessivi "suo", "suoi" ecc. possono a volte essere tradotti con その *sono*:

これはコップです。その色は青い
kore wa koppu desu. Sono iro wa aoi
questo è un bicchiere. Il **suo** colore è azzurro

PRONOMI RIFLESSIVI

Sé stesso si traduce in giapponese con uno dei seguenti sostantivi:

- 自分 *jibun* (lett. la propria parte): è il più usato
- 自身 *jishin* (lett. il proprio corpo)
- 自己 *jiko* (lett. la propria personalità) : si usa solo nelle parole composte

Questi termini sono utilizzabili per tutte le persone:

私自身それを聞きました
watakushi jishin sore o kikimashita
io **stesso** ho inteso ciò

! *jibun*, che ha una forma di grande cortesia riservata ai superiori, ご自分 *go-jibun*, è seguito di solito dalla posposizione *de* col significato complessivo di **da sé stesso**:

友達は自分でそれを作りました
tomodachi wa jibun de sore o tsukurimashita
l'amico l'ha fatto **da sé stesso**

自分でそれを作って下さい
jibun de sore o tsukutte kudasai
fallo **da te stesso**

! *jishin* può essere seguito da *de* soltanto quando è preceduto da un nome o da un pronome:

彼自身でしました
kare jishin de shimashita
l'ha fatto **da sé stesso**

- La parola 我が / わが *waga* può essere usata col significato di **proprio, di sé stesso**:

我が子
waga ko
il **proprio** figlio

我が家
waga ya
la **propria** casa

我が道を行く
waga michi o iku
andare per la **propria** strada

PRONOMI E AVVERBI INTERROGATIVI

Il pronome interrogativo, quando è soggetto, dev'essere sempre accompagnato dalla particella *ga* (e non *wa*). Si noti inoltre che può a volte corrispondere all'aggettivo interrogativo italiano:

- 誰 だれ *dare* **chi ?**
  どなた *donata* **chi ?**
  (*donata* è più gentile di *dare*)

だれが花瓶を割りましたか
dare ga kabin o warimashita ka
chi ha rotto il vaso di fiori ?

あの方はどなたですか
ano kata wa donata desu ka
chi è quel signore ?

だれをお待ちですか
dare o omachi desu ka
chi sta aspettando (Lei) ?

● 何　なに　*nani*　**che? che cosa?**

何を取りますか
nani o torimasu ka
che cosa prende?

! *nani* diventa *nan* davanti a *t*, *d*, *n* e a qualche altra consonante; in questa forma si trova di solito unito alla parola cui si riferisce:

何ですか
nan desu ka
che cosa è?

今日は何日ですか
kyō wa nannichi desu ka
oggi **che** giorno (del mese) è?

本は何冊ありますか
hon wa nansatsu arimasu ka
quanti libri ci sono?
(*satsu* è un ausiliario dei numerali usato per i libri)

● どこ　*doko*　**dove?**

どこにありますか
doko ni arimasu ka
dove è?

● どちら　*dochira*　**dove?** (per indicare la direzione)
quale? (tra due)

どちらへ行きますか
dochira e ikimasu ka
dove va?

どちらですか
dochira desu ka
quale (**dei due**) è?

! "quale?" tra più di due si traduce con どれ *dore* se è pronome, どの *dono* se è aggettivo

● いつ　*itsu*　**quando?**

いついらっしゃいますか
itsu irasshimasu ka
quando va (Lei)?

- なぜ *naze* / どうして *dōshite* **perché ?**
(*dōshite* ha un tono più dolce di *naze*)

なぜ食べませんか
naze tabemasen ka
perché non mangiate?

どうして行きませんでしたか
dōshite ikimasen deshita ka
perché non siete andati?

! un'espressione particolare è:

なぜですか
naze desu ka
perché? come mai?

- どう *dō* **come?**

どう思いますか
dō omoimasu ka
Lei **come** la pensa?

どうしましょう
dō shimashō
come facciamo?

どう行きましょう
dō ikimashō
come andiamo?

! la forma verbale dubitativa in *mashō* rende non necessario l'uso della particella interrogativa *ka*

- いくら *ikura* **quanto?**
(col valore di "quanto costa?")

この本はいくらですか
kono hon wa ikura desu ka
quant'è questo libro?

- いくつ *ikutsu* / いく *iku* **quanti?**

いくつありますか
ikutsu arimasu ka
quanti ce ne sono?

いく人いますか
ikunin imasu ka
quante persone ci sono ?
(*nin* è un ausiliario dei numerali usato per le persone)

PRONOMI E AVVERBI INDEFINITI

Si ottengono aggiungendo delle particelle ai pronomi e agli avverbi interrogativi, di cui assumono tutte le modalità d'uso. Si noti che nella scrittura *rōmaji* tali particelle possono essere unite o meno al nome cui si riferiscono. Avremo quindi le seguenti forme:

interrogativi + *ka*

Le particelle *wa*, *ga* e *o* cadono quando seguono immediatamente il pronome.

- だれか *dareka* / どなたか *donataka* **qualcuno**

  だれか行きました
  dareka ikimashita
  qualcuno è andato

- 何か *nanika* **qualcosa, qualche**

  何かありますか
  nanika arimasu ka
  c'è **qualcosa** ?

  何か質問がありますか
  nanika shitsumon ga arimasu ka
  c'è **qualche** domanda ?

- どこか *dokoka* **qualche luogo**

  この夏どこかへ行きますか
  kono natsu dokoka e ikimasu ka
  questa estate andate **da qualche parte ?**

- どちらか *dochiraka* **uno dei due**

どちらか取って下さい
dochiraka totte kudasai
prendete **uno dei due**

- どれか *doreka* **uno qualsiasi**

どれか取って下さい
doreka totte kudasai
prendetene **uno**

- 何時か いつか *itsuka* **un giorno**

いつか分かるでしょう
itsuka wakaru deshō
(forse) **un giorno** capirà

- なぜか *nazeka* **per qualche ragione**

なぜか行きませんでした
nazeka ikimasen deshita
per qualche ragione non è andato

- かどうか *ka dō ka* **se ... o no**

行くかどうか分かりません
iku ka dō ka wakarimasen
non so **se** vado **o no**

寒いかどうか分かりません
samui ka dō ka wakarimasen
non so **se** farà freddo **o no**

- いくらか *ikuraka* **un po'** (nel senso di poco)

いくらか分かった
ikuraka wakatta
un po' ho capito

- いくつか *ikutsuka* **alcuni**
(per cose che non hanno uno specifico ausiliario dei numerali)

いくつか食べた
ikutsuka tabeta
(ne) ho mangiati **alcuni**

- 幾 いく *iku* / 何 *nan* + aus. num. + *ka* **alcuni** (per questa forma gli ausiliari sono *nin* e *bon*)

  いく人か来た
  ikuninka kita
  alcuni sono venuti

  花を何本かなげた
  hana o nanbonka nageta
  ho lanciato **alcuni** fiori

interrogativi + *mo*

Le particelle *wa*, *ga* e *o* cadono quando seguono immediatamente i pronomi; le altre si inseriscono tra l'interrogativo e *mo*.

- だれも *dare mo* + verbo negativo **nessuno**

  だれも食べません
  dare mo tabemasen
  nessuno mangia

- 何も *nani mo* + verbo negativo **niente**

  何もありません
  nani mo arimasen
  non c'è **niente**

- どこも *doko mo* + verbo positivo **ovunque**
  どこも *doko mo* + verbo negativo **nessun luogo**

  どこも真っ暗です
  doko mo makkura desu
  è buio **dappertutto**

  どこへも行きません
  doko e mo ikimasen
  non vado **da nessuna parte**

- どちらも *dochira mo* + verbo positivo **entrambi**
  どちらも *dochira mo* + verbo negativo **nessuno dei due**

  どちらも好きです
  dochira mo suki desu
  mi piacciono **tutti e due**

どちらも好きではありません
dochira mo suki de wa arimasen
non mi piace **nessuno dei due**

- いつも *itsumo* + verbo positivo **sempre**
  いつも *itsumo* + verbo negativo **mai**

いつも笑っています
itsumo waratte imasu
è **sempre** sorridente

いつもいません
itsumo imasen
non c'è **mai**

interrogativi + *de mo*

Le particelle *wa*, *ga* e *o* cadono quando seguono immediatamente i pronomi; questa forma si usa solo col verbo al positivo.

- だれでも *dare de mo* **chiunque**

だれでも入れます
dare de mo hairemasu
chiunque può entrare

- 何でも *nan de mo* **qualsiasi cosa**

何でもけっこうです
nan de mo kekkō desu
qualsiasi cosa va bene

- どこでも *doko de mo* **dovunque**

あなたとどこでも行きます
anata to doko de mo ikimasu
verrò con te **dovunque**

- どちらでも *dochira de mo* **l'uno o l'altro**

どちらでもけっこうです
dochira de mo kekkō desu
l'uno o l'altro mi va bene

- どれでも *dore de mo* **uno qualsiasi**

どれでもいいです
dore de mo ii desu
uno qualsiasi va bene

Casi particolari

Alcuni pronomi indefiniti vengono usati con una struttura particolare della frase che si può esprimere nella forma seguente:

interrogativi + forma *te* **+** *mo*

Tali pronomi sono:

- 何が *nani ga* … も *mo* **qualsiasi cosa** (soggetto)
  何を *nani o* … も *mo* **qualsiasi cosa** (oggetto)

  何が起っても驚きません
  nani ga okotte mo odorokimasen
  niente mi sorprende
  (lett. **qualsiasi cosa accadendo**, non mi stupisco)

  何を食べても消化します
  nani o tabete mo shōka shimasu
  digerisce tutto
  (lett. **qualsiasi cosa mangiando**, fa digestione)

- どこで *doko de* … も *mo* **ovunque** (stato in luogo)

  この曲はどこで聞いても美しい
  kono kyoku wa doko de kiite mo utsukushii
  questa musica è sempre bella (lett. **sentendola ovunque**)

- いつ *itsu* … も *mo* **sempre**

  いつ行っても開いていません
  itsu itte mo aite imasen
  trovo sempre chiuso (lett. **andando sempre**, non è aperto)

- どんなに *donna ni* … も *mo* **in qualsiasi modo**

  どんなに難しくても
  donna ni muzukashikute mo
  per quanto difficile sia
  (lett. **in qualsiasi modo essendo difficile**)

- いくら *ikura*... も *mo* **per quanto**

いくら読んでも分からない
ikura yonde mo wakaranai
non riesco a capire malgrado continui a leggere
(lett. **per quanto leggendo**, non capisco)

Infine due casi nei quali manca o il verbo con la forma *te* o il pronome:

- どの *dono* ... も *mo* **qualsiasi**
(nel senso di "tutti quelli che")

どの蜜柑も酸っぱい
dono mikan mo suppai
qualsiasi mandarino è acidulo (cioè tutti quelli assaggiati)

- ... も *mo* **anche**

寒くても行きます
samukute mo ikimasu
per quanto faccia (lett. **anche facendo**) **freddo** ci vado

PRONOMI RELATIVI

- In giapponese non esistono pronomi relativi. Le proposizioni relative italiane corrispondono a proposizioni di tipo attributivo, che quindi precedono sempre il nome o il pronome dal quale dipendono, lasciando all'interlocutore una certa elasticità di interpretazione. Il soggetto della proposizione "relativa" va accompagnato dalla posposizione *ga* o *no*; non si usa *wa*:

泣いた子供
naita kodomo
il bambino **che pianse**

あなたと一緒に行った人
anata to issho ni itta hito
la persona con la quale sei andato
(lett. **che è andata in compagnia di te**)

春に咲く花です
haru ni saku hana desu

è un fiore **che fiorisce in primavera**

- E' interessante confrontare le due proposizioni seguenti e le corrispondenti frasi italiane:

  吠えた犬は小さかった
  oeta inu wa chiisakatta
  il cane **che ha abbaiato** era piccolo

  私が買った犬は小さかった
  watashi ga katta inu wa chiisakatta
  il cane **che ho comprato** era piccolo

- La proposizione negativa si forma con l'aggettivo ない *nai* **inesistente**, usato nella coniugazione negativa piana del verbo:

  これは私が知らない本です
  kore wa watakushi ga shiranai hon desu
  questo è un libro **che non conosco**

- Molto spesso, ma in particolare nelle frasi relative, il giapponese può essere ambiguo o indurre in errore. Così, ad esempio, 知らない人 *shiranai hito* può significare "una persona che non conosco" o "una persona che non conosce me" o addirittura "una persona che non sa".

- Di largo uso è la locuzione relativa impersonale という *to iu* **che si chiama**, **che è detto**. A volte tale locuzione sostituisce l'articolo definito; spesso ha solo valore enfatico. In ogni caso è molto usata nella costruzione giapponese:

  古事記という本は日本で重要な本です
  Kojiki to iu hon wa Nippon de jūyō na hon desu
  il Kojiki (lett. **il libro detto** Kojiki) è un libro importante in Giappone

  スイスという国は小さいです
  Suisu to iu kuni wa chiisai desu
  la Svizzera è un paese piccolo
  (lett. **il paese chiamato** Svizzera)

AGGETTIVI

A differenza degli aggettivi giapponesi, che sono tutti qualificativi, gli aggettivi italiani comprendono altre categorie (dimostrativi, indefiniti, possessivi ecc.), dei quali si dà di volta in volta la corrispondenza.

- Gli aggettivi qualificativi giapponesi comprendono gli aggettivi *i* e gli aggettivi *na*.

  - Gli aggettivi *i* sono i "veri" aggettivi giapponesi:

小さい	*chiisai*	**piccolo**
広い	*hiroi*	**largo**
新しい	*atarashii*	**nuovo**

  - Gli aggettivi *na*, che con questa terminazione compaiono nel dizionario, sono relativamente pochi; tra gli altri:

静かな	*shizuka na*	**tranquillo**
きれいな	*kirei na*	**bello**

Secondo questo modello sono stati creati altri aggettivi *na*, a partire da sostantivi:

貧乏な	*binbō na*	**povero**	da *binbō*	povertà
正直な	*shōjiki na*	**onesto**	da *shōjiki*	onestà

Ancor oggi questo meccanismo consente la formazione di aggettivi da parole di origine straniera:

エレガントな	*eleganto na*	**elegante**
ロマンチックな	*romanchikku na*	**romantico**

- Alcuni aggettivi qualificativi italiani non hanno corrispondente in giapponese e vengono resi con le seguenti forme:

  - sostantivo + *no*:

italiano	イタリアの	*Itaria no*
malato	病気の	*byōki no*

la cucina **italiana**
イタリアの料理
Itaria no ryōri

- forme in *ta* o *te iru* del verbo:

anziano 年とった *toshitotta*
年とっている *toshitotte iru*
da 年とる *toshitoru* invecchiare

sbagliato 間違った *machigatta*
間違っている *machigatte iru*
da 間違う *machigau* sbagliare

una persona **anziana**
年とった人
toshitotta hito

AGGETTIVI *I*

- Terminano in *ai*, *ii*, *oi* e *ui* nella loro forma del dizionario (non esistono aggettivi in "ei"):

小さい	*chiisai*	piccolo
美しい	*utsukushii*	bello
青い	*aoi*	azzurro
安い	*yasui*	a buon mercato

- Possono avere valore sia di attributo sia di predicato nominale. Nel secondo caso vengono coniugati come verbi e nella forma "piana" costituiscono da soli il predicato, corrispondono cioè in italiano al verbo essere più aggettivo. Per riconoscere le due funzioni, si notino gli esempi:

美しい花
utsukushii hana
un bel fiore

この花は美しい
kono hana wa utsukushii
questo fiore **è bello**

イタリアの青い空
Itaria no aoi sora
l'azzurro cielo dell'Italia

イタリアの空は青い
Itaria no sora wa aoi
il cielo italiano **è azzurro**

Coniugazione degli aggettivi *i*

Nelle tabelle che seguono, e che riportano la coniugazione "piana" e "gentile" positiva e negativa, il passato giapponese viene tradotto per brevità con il solo imperfetto.

FORMA POSITIVA

	piana	**gentile**	
indicativo presente e futuro certi	*utsukushii*	*utsukushii desu*	**è bello, sarà bello**
indicativo passato certo	*utsukushi-katta*	*utsukushi-katta desu*	**era bello**
indicativo presente e futuro incerti	*utsukushii darō*	*utsukushii deshō*	**forse è bello, forse sarà bello**
indicativo passato incerto	*utsukushi-katta darō*	*utsukushi-katta deshō*	**forse era bello**

! *desu* è la contrazione di *de arimasu*, indicativo presente della forma positiva gentile del verbo essere - identificazione (vedi pag. 112)

! *-katta* è la caratteristica del passato degli aggettivi *i*

! *darō* e *deshō* sono forme incerte del verbo essere

このビールは冷たい
kono biiru wa tsumetai
questa birra **è fresca**

昨日は寒かった
kinō wa samukatta
ieri **faceva freddo**

FORMA NEGATIVA

	piana	gentile	
indicativo presente e futuro certi	*utsukushiku nai*	*utsukushiku arimasen*	**non è bello, non sarà bello**
indicativo passato certo	*utsukushiku nakatta*	*utsukushiku arimasen deshita*	**non era bello**
indicativo presente e futuro incerti	*utsukushiku nai darō*	*utsukushiku nai deshō*	**forse non è bello, forse non sarà bello**
indicativo passato incerto	*utsukushiku nakatta darō*	*utsukushiku nakatta deshō*	**forse non era bello**

! *nai* "inesistente" si comporta come un aggettivo *i* e si usa per ottenere la forma negativa piana del presente indicativo sia per gli aggettivi *i* sia, come vedremo, per i verbi

! *arimasen* è la forma negativa di *arimasu,* indicativo presente del verbo essere-esistenza (vedi pag. 111)

! *-ku* è una forma avverbiale che compare al posto della *i* davanti a *nai* e a *arimasen*

! *deshita* è il passato di *desu*

問題はやさしくない
mondai wa yasashiku nai
il problema **non è semplice**

母は優しくなかった
haha wa yasashiku nakatta
mia madre **non era dolce**

この本は面白くないでしょう
kono hon wa omoshiroku nai deshō
forse questo libro **non è interessante**

AGGETTIVI *NA*

- Questa categoria di aggettivi, cui abbiamo già accennato, si trova nel dizionario con la terminazione *na*:

静かな *shizuka na* **tranquillo**
奇麗な *kirei na* **bello**

- Anche gli aggettivi *na* possono avere valore sia di attributo sia di predicato nominale. Nel secondo caso però rimangono invariati e si comportano come nomi; non possono quindi costituire da soli il predicato come gli aggettivi *i* ma devono sempre essere accompagnati dal verbo essere (*da*, *desu* ecc.). Davanti alle forme del verbo essere la terminazione *na* cade:

静かな子供
shizuka na kodomo
un bambino **tranquillo**

この子供は静かだ
kono kodomo wa shizuka da
questo bambino **è tranquillo**

Coniugazione degli aggettivi *na*

Anche nelle tabelle che seguono il passato giapponese viene tradotto per brevità con il solo imperfetto.

FORMA POSITIVA

	piana	gentile	
indicativo presente e futuro certi	*shizuka da*	*shizuka desu*	**è tranquillo, sarà tranquillo**
indicativo passato certo	*shizuka datta*	*shizuka deshita*	**era tranquillo**
indicativo presente e futuro incerti	*shizuka darō*	*shizuka deshō*	**forse è tranquillo, forse sarà tranquillo**
indicativo passato incerto	*shizuka datta darō*	*shizuka datta deshō*	**forse era tranquillo**

! *da* è la contrazione di *de aru*, indicativo presente della forma positiva piana del verbo essere - identificazione (vedi pag. 112)

! *datta* è il passato di *da*

この部屋は静かだ
kono heya wa shizuka da
questa stanza **è tranquilla**

彼は親切だ
kare wa shinsetsu da
lui **è gentile**

この町は奇麗です
kono machi wa kirei desu
questa città **è bella**

この問題は複雑です
kono mondai wa fukuzatsu desu
questo problema **è complicato**

FORMA NEGATIVA

	piana	gentile	
indicativo presente e futuro certi	*shizuka de wa nai*	*shizuka de wa arimasen*	**non è tranquillo, non sarà tranquillo**
indicativo passato certo	*shizuka de wa nakatta*	*shizuka de wa arimasen deshita*	**non era tranquillo**
indicativo presente e futuro incerti	*shizuka de wa nai darō*	*shizuka de wa nai deshō*	**forse non è tranquillo, forse non sarà tranquillo**
indicativo passato incerto	*shizuka de wa nakatta darō*	*shizuka de wa nakatta deshō*	**forse non era tranquillo**

! *de* è la particella caratteristica del verbo essere - identificazione (vedi pag. 112)

! *wa* è una particella pleonastica che può anche non comparire

この部屋は静かではない
kono heya wa shizuka de wa nai
questa stanza **non è tranquilla**

彼は正直ではなかった
kare wa shōjiki de wa nakatta
lui **non è stato onesto**

- In alcuni casi la terminazione *na* può essere sostituita da *no*, senza determinare cambiamenti di significato:

平和な/の *heiwa na/no* **pacifico**
特別な/の *tokubetsu na/no* **particolare**
自然な/の *shizen na/no* **naturale**

! anche *no* cade davanti alle forme del verbo essere

- In altri casi la terminazione è solo *no*. Si tratta della forma "sostantivo + *no*" di cui si è già parlato (vedi pag. 55). Menzioniamo i più comuni fra questi aggettivi:

本当の	*hontō no*	**vero**
にせの	*nise no*	**falso**
沢山の	*takusan no*	**molto**
少しの	*sukoshi no*	**poco**
いっぱいの	*ippai no*	**pieno**
空っぽの	*karappo no*	**vuoto**
公の	*ōyake no*	**pubblico**
個人の	*kojin no*	**privato**
初めの	*hajime no*	**primo**
終わりの	*owari no*	**ultimo**
当然の	*tōzen no*	**ovvio**
緑の	*midori no*	**verde**
同じの	*onaji no*	**uguale**

! anche *no* cade davanti alle forme del verbo essere:

母は病気です
haha wa byōki desu
mia madre **è malata**

- Alcuni sostantivi possono essere seguiti dal suffisso 的な *teki na*, acquistando così il significato di "alla maniera di", "relativo a" ecc.:

日本的な	*nihonteki na*	**alla giapponese**
哲学的な	*tetsugakuteki na*	**(di tipo) filosofico**

- Di particolare interesse sono gli aggettivi:

好きな	*suki na*	**che piace**
嫌いな	*kirai na*	**che non piace**

Accompagnati infatti dal verbo essere esprimono rispettivamente predilezione o avversione:

私は音楽が好きだ
watakushi wa ongaku ga suki da
mi piace la musica

私は音楽が嫌いだ
watakushi wa ongaku ga kirai da
non mi piace la musica

AGGETTIVI DI SENTIMENTO

- Esprimono sentimenti, affetti o sensazioni:

嬉しい	*ureshii*	**contento**
悲しい	*kanashii*	**triste**
暑い	*atsui*	**caldo**
寒い	*samui*	**freddo**

- Quando hanno funzione di predicato, questi aggettivi si comportano in modo particolare e cioè se si trovano in una proposizione principale al tempo presente e il soggetto è di seconda o di terza persona si deve aggiungere がっている *gatte iru* **secondo me** o そうだ *sō da* **mi sembra** alla radice (forma del dizionario meno la *i* finale):

彼は悲しがっている
kare wa kanashigatte iru
è triste **(secondo me)**

彼は悲しそうだ
kare wa kanashisō da
è triste (**mi sembra che sia triste**)

- Quando invece si trovano in una proposizione secondaria oppure in una principale ma al tempo passato oppure il soggetto è di prima persona si comportano regolarmente:

彼は嬉しいので口笛を吹いた
kare wa ureshii node kuchibue o fuita
fischiettava **perché era contento**

彼は悲しかった
kare wa kanashikatta
era triste

私は悲しい
watashi wa kanashii

io sono triste

- Per indicare una supposizione di chi parla si può anche usare il futuro incerto oppure le espressioni ようだ *yō da*, らしい *rashii* o と思う *to omou*:

彼は嬉しいだろう
kare wa ureshii darō
forse sarà felice

彼は嬉しいようだ
kare wa ureshii yō da
sembra felice

彼は嬉しいらしい
kare wa ureshii rashii
sembra felice

彼は嬉しいと思う
kare wa ureshii to omou
penso che sia felice

FORMA *TE*

Serve per coordinare due o più aggettivi, due o più proposizioni dello stesso tipo e per introdurre una proposizione causale. E' detta sospensiva perché non definisce il tempo del verbo, che sarà uguale a quello dell'ultima forma coniugata della frase. Per gli aggettivi *i* si ottiene sostituendo *kute* a *i* (*te* può cadere nell'unione di due o più aggettivi); per gli aggettivi *na* sostituendo *de* a *na*:

小さく(て)かわいい子供
chiisaku(te) kawaii kodomo
un bambino piccolo **e** carino

りんごは赤く(て)美味しかった
ringo wa akaku(te) oishikatta
la mela **era** rossa **e** buona

この子供は利口で可愛いです
kono kodomo wa rikō de kawaii desu
questo bambino **è** intelligente **e** grazioso

町はきれいで静かでした

machi wa kirei de shizuka deshita
la città **era** bella **e** tranquilla

本は高くて買えません
hon wa takakute kaemasen
poiché il libro **è caro** non lo posso comprare

FORMA AVVERBIALE

- Per gli aggettivi *i* tale forma si ottiene sostituendo *ku* a *i*, per gli aggettivi *na* sostituendo *ni* a *na*:

早い	*hayai*	veloce
早く	*hayaku*	**velocemente**
静かな	*shizuka na*	tranquillo
静かに	*shizuka ni*	**tranquillamente**

彼は早く歩きます
kare wa hayaku arukimasu
lui cammina **velocemente**

川は静かに流れています
kawa wa shizuka ni nagarete imasu
il fiume scorre **tranquillamente**

- 近い *chikai* **vicino**, 遠い *tōi* **lontano**, 多い *ōi* **molti** e qualche altro aggettivo, nella loro forma in *ku* possono assumere funzione di sostantivi e come tali possono essere accompagnati dalle posposizioni dei casi:

遠くへ行きます
tōku e ikimasu
vanno **lontano**

遠くから見えます
tōku kara miemasu
si vede **da lontano**

! Aggiungendo *no* a tali forme in *ku* si ottiene di nuovo l'aggettivo:

遠くの	近くの	多くの
tōku no	*chikaku no*	*ōku no*
lontano	**vicino**	**numeroso**

GRADI DELL'AGGETTIVO

I giapponesi fanno raramente uso di comparativo e superlativo.

Comparativo di uguaglianza

Si esprime normalmente con (と)同じくらい/ぐらい *(to) onaji kurai / gurai* **all'incirca uguale**:

彼の家は私の家と同じぐらい大きいです
kare no ie wa watakushi no ie to onaji gurai ōkii desu
la sua casa è grande **come** la mia

道子と花子は同じぐらいきれいです
Michiko to Hanako wa onaji gurai kirei desu
Michiko è bella **quanto** Hanako

Comparativo di minoranza

Si esprime con ほど *hodo* **come** e il verbo al negativo:

彼の家は私の家ほど大きくありません
kare no ie wa watakushi no ie hodo ōkiku arimasen
la sua casa è meno grande della mia
(lett. **non** è grande **quanto**)

日本はアメリカほど大きくない
Nihon wa Amerika hodo ōkiku nai
il Giappone è meno grande dell'America
(lett. **non** è grande **come**)

道子は国子ほどきれいではありません
Michiko wa Kuniko hodo kirei de wa arimasen
Michiko è meno bella di Kuniko
(lett. **non** è bella **come**)

Comparativo di maggioranza

- Si esprime di norma con より *yori* **più**:

  彼の家は私の家より大きいです
  kare no ie wa watakushi no ie yori ōkii desu
  la sua casa è **più** grande della mia

アメリカは日本より大きい
Amerika wa Nihon yori ōkii
l'America è **più** grande del Giappone

国子は道子よりきれいです
Kuniko wa Michiko yori kirei desu
Kuniko è **più** bella di Michiko

- Il confronto tra due qualità della stessa persona o cosa si può esprimere con というより *to iu yori*:

この道は賑やかというようりうるさいです
kono michi wa nigiyaka to iu yori urusai desu
questa strada **è rumorosa più che animata**

! si noti l'inversione dei due termini di confronto rispetto all'italiano; la traduzione letterale è infatti "questa strada animata più che rumorosa è"

- Quando manca il secondo termine di confronto si usa もっと *motto* **più**:

この本はもっと難しいです
kono hon wa motto muzukashii desu
questo libro è **più difficile**

- In certi casi si usa il sostantivo 方 *hō* **parte, direzione,** che in italiano non compare:

アメリカの方が日本より大きい
Amerika no hō ga Nihon yori ōkii
l'America è più grande del Giappone

金の方が銀より高い
kin no hō ga gin yori takai
l'oro è più caro dell'argento

! nei due esempi il primo termine è al genitivo perché è retto da *hō ga*

Superlativo relativo

Si esprime con 一番 *ichiban* **primo** o 最も *mottomo* **il più**, quest'ultimo leggermente più formale del precedente:

この車が一番早いです
kono kuruma ga ichiban hayai desu
questa macchina è **la più** veloce

これは最も難しい問題です
kore wa mottomo muzukashii mondai desu
questo è **il** problema **più** difficile

Superlativo assoluto

Si esprime mediante uno dei seguenti avverbi:

大変	*taihen*	**molto**
非常に	*hijō ni*	**straordinariamente**
とても	*totemo*	**tanto, molto** (più colloquiale)

彼は大変悲しかった
kare wa taihen kanashikatta
lui era tristissimo (lett. era **molto** triste)

問題は非常に難しかった
mondai wa hijō ni muzukashikatta
il problema era **estremamente** difficile

パーティーはとても楽しかった
pātii wa totemo tanoshikatta
il ricevimento era **molto** piacevole

USO DI *AMARI* E *SUGIRU*

あまり *amari* **troppo** e すぎる *sugiru* **eccedere** sono frequentemente usati. Consideriamo i seguenti casi:

- *amari* + verbo negativo

Con il verbo negativo *amari* assume il significato di "non tanto":

あまり上手ではありません
amari jōzu de wa ari masen
non è **tanto** bravo

彼はあまり食べません
kare wa amari tabe masen
non mangia **tanto**

- *amari* + radice aggettivo *i* + *sugiru*

  あまり高すぎます
  amari takasugimasu
  è eccessivamente caro
  あまり難しすぎます
  amari muzukashisugimasu
  è troppo difficile

- (*amari*) + base indefinita del verbo + *sugiru*

  (あまり) 勉強しすぎて病気になる
  (amari) benkyō shisugite byōki ni naru
  studiando troppo si ammala
  (lett. facendo troppo studio diventa malato)
  (あまり) 食べすぎておなかが痛くなる
  (amari) tabesugite onaka ga itaku naru
  mangiando troppo la pancia fa male
  (lett. diventa dolorante)

- *amari* seguito da *...ので node*

  あまり犬が吠えるので外へ出ました
  amari inu ga hoeru node soto e demashita
  poiché il cane abbaiava **troppo** sono uscito

- *amari* può anche assumere il significato di "più di" e traduce allora espressioni come quella che segue:

  五年あまり日本にいました
  gonen amari Nihon ni imashita
  sono stato in Giappone **più di** cinque anni

DIMOSTRATIVI

- Caratteristica dei dimostrativi giapponesi è la serie *ko*, *so*, *a*, *do* alla quale si aggiunge la terminazione *no* per gli **aggettivi** e *re* per i **pronomi**. La traduzione italiana che ne diamo si riferisce al maschile singolare, ma si ricorda che la forma giapponese vale per maschile e femminile, singolare e plurale:

  - この *kono* / これ *kore* **questo**
    indica un oggetto o un essere animato vicino a chi parla e a chi ascolta oppure si riferisce a ciò di cui si sta parlando:

    この本は難しいです
    kono hon wa muzukashii desu
    questo libro è difficile

    これは難しい本です
    kore wa muzukashii hon desu
    questo è il libro difficile

  - その *sono* / それ *sore* **quello**
    indica un oggetto o un essere animato vicino a chi ascolta e lontano da chi parla oppure si riferisce a ciò di cui si è parlato in precedenza nel contesto:

    その花はきれいです
    sono hana wa kirei desu
    quel fiore è bello

    それは花ではありません
    sore wa hana de wa arimasen
    quello non è un fiore

  - あの *ano* / あれ *are* **quello**
    indica un oggetto o un essere animato lontano da chi parla e da chi ascolta oppure si riferisce a qualcosa che è noto sia a chi parla sia a chi ascolta:

    あの人は来ました
    ano hito wa kimashita
    quella persona è venuta

    あれは犬です
    are wa inu desu
    quello è un cane

! Rientra come forma in questa serie, anche se in realtà si tratta di un pronome e aggettivo interrogativo:

- どの *dono* / どれ *dore* **quale?**

どの本が好きですか
dono hon ga suki desu ka
quale libro preferisce?

どれが好きですか
dore ga suki desu ka
quale preferisce?

- I componenti della serie in questione, con l'aggiunta della terminazione こ *ko*, vengono ad assumere il significato di avverbi di luogo. Il loro modo d'impiego è lo stesso della serie precedente e questo vale anche per le serie che seguono:

  - ここ *koko* **questo luogo**
  - そこ *soko* **quel luogo**
  - あそこ *asoko* **quel luogo**
  - どこ *doko* **quale luogo?**

ここで食事をしましょう
koko de shokuji o shimashō
pranziamo (lett. facciamo il pasto) **qui**!

そこでみつけました
soko de mitsukemashita
l'ho trovato **là**

あそこにありました
asoko ni arimashita
era **là**

どこで日本語を習いましたか
doko de nihongo o naraimashita ka
dove hai imparato il giapponese?

- Con l'aggiunta della terminazione ちら *chira* indicano la direzione e possono essere utilizzati anche come pronomi personali onorifici:

  - こちら *kochira* **questa direzione, questa persona**
  - そちら *sochira* **quella direzione, quella persona**
  - あちら *achira* **quella direzione, quella persona**

- どちら *dochira* **quale direzione? quale persona?**

  こちらに来なさい
  kochira ni kinasai
  vieni **qui**

  こちらは山田先生です
  kochira wa Yamada sensei desu
  questo è il professor Yamada

  そちらの方はイタリア人です
  sochira no kata wa Itariajin desu
  quel signore è italiano

  そちらの方が涼しいです
  sochira no hō ga suzushii desu
  da quella parte fa fresco

  あちらへ行って下さい
  achira e itte kudasai
  vada **in quella direzione**

  どちらへ行きましょうか
  dochira e ikimashō ka
  dove andiamo?

  どちら様ですか
  dochira sama desu ka
  chi è Lei?

- Derivano dalla stessa serie e hanno di solito valore di aggettivi:

  - こんな *konna* **tale, come questo**
  - そんな *sonna* **tale, come quello**
  - あんな *anna* **tale, come quello**
  - どんな *donna* **quale? di che tipo?**

  こんな人はいない
  konna hito wa inai
  una persona **simile** non esiste

  そんな本は読まない
  sonna hon wa yomanai
  non leggerò un libro **del genere**

  あんなことは忘れた
  anna koto wa wasureta
  una cosa **come quella** l'ho dimenticata

どんな本ですか
donna hon desu ka
che tipo di libro è ?

- Con l'aggiunta della particella *ni* questi stessi termini assumono la funzione di avverbi:

  - こんなに *konna ni* **in tale modo**
  - そんなに *sonna ni* **in tale modo**
  - あんなに *anna ni* **in tale modo**
  - どんなに *donna ni* **in quale modo?**

こんなに難しいとは思いませんでした
konna ni muzukashii to wa omoimasen deshita
non credevo che fosse tanto difficile
(lett. quanto a essere difficile **in tale modo**, non pensavo)

どんなに大変でしたか
donna ni taihen deshita ka
quanto (lett. **in quale modo**) è stata dura?

- La serie seguente si forma allungando la vocale finale:

  - こう *kō* **in questo modo**
  - そう *sō* **in quel modo**
  - ああ *ā* **in quel modo**
  - どう *dō* **in quale modo?**

こうしましょう
kō shimashō
facciamo **così** !

どう行きましたか
dō ikimashita ka
in che modo sei andato?

NUMERALI

L'impiego dei numerali nella lingua giapponese non è semplice per due ragioni: innanzi tutto per l'uso in alcuni numerali di due pronunce diverse (la *kun* e la *on*); in secondo luogo per il largo impiego di alcuni suffissi che si è convenuto di chiamare "ausiliari dei numerali".

NUMERALI CARDINALI

Serie di origine giapponese

E' limitata ai primi dieci numeri e ha sostanzialmente due forme:

- **forma sostantivale**

  一つ *hitotsu* **uno**

  La forma sostantivale può inserire o meno la particella *no* prima del nome cui si riferisce:

  あの人は朝食に一つ（の）卵を食べます
  ano hito wa chōshoku ni hitotsu (no) tamago o tabemasu
  a colazione mangia **un** uovo

- **forma aggettivale**

  一 *hito-* **uno**

  La forma aggettivale, che è priva della desinenza *tsu*, si usa in parole composte con nomi di origine giapponese:

  七回日本へ行きました
  nanakai Nihon e ikimashita
  sono andato **sette** volte in Giappone

- Vi è poi una **forma enumerativa** che viene data per completezza ma che si utilizza raramente. Serve, ad esempio, a formare i giorni dei mesi.

	FORMA SOSTANTIVALE		FORMA AGGETTIVALE		FORMA ENUMERATIVA
1	一つ	*hitotsu*	一	*hito-*	*hi*
2	二つ	*futatsu*	二	*futa-*	*fu*
3	三つ	*mittsu*	三	*mi-*	*mi*
4	四つ	*yottsu*	四	*yo-*	*yō*
5	五つ	*itsutsu*	五	*itsu-*	*itsu*
6	六つ	*muttsu*	六	*mu-*	*mu*
7	七つ	*nanatsu*	七	*nana-*	*nana*
8	八つ	*yattsu*	八	*ya-*	*ya*
9	九つ	*kokonotsu*	九	*kokono-*	*kokono*
10	十	*tō*	十	*tō-*	*tō*

Serie di origine cinese

E' usata in parole composte con nomi di origine cinese (attenzione alle modifiche eufoniche). Sopra il dieci questa serie è utilizzata anche in parole composte con nomi di origine giapponese. Per la formazione dei numeri oltre il dieci si tenga presente che, per esempio, tredici viene rappresentato come dieci tre, trentadue come tre dieci due, quattrocentoventuno come quattro cento due dieci uno ecc.

0	(零) ゼロ	*zero*
1	一	*ichi*
2	二	*ni*
3	三	*san*
4	四	*shi; yo- / yon-*
5	五	*go*
6	六	*roku*
7	七	*shici; nana-*
8	八	*hachi*
9	九	*ku / kyū*
10	十	*jū*
11	十一	*jūichi*
12	十二	*jūni*

13	十三	*jūsan*
14	十四	*jūshi*
15	十五	*jūgo*
16	十六	*jūroku*
17	十七	*jūshichi*
18	十八	*jūhachi*
19	十九	*jūku*
20	二十	*nijū*
21	二十一	*nijū ichi*
30	三十	*sanjū*
40	四十	*yonjū /shijū*
50	五十	*gojū*
60	六十	*rokujū*
70	七十	*nanajū*
80	八十	*hachijū*
90	九十	*kyūjū*
100	百	*hyaku*
101	百一	*hyakuichi*
110	百十	*hyakujū*
200	二百	*nihyaku*
300	三百	*sanbyaku*
400	四百	*yonhyaku*
500	五百	*gohyaku*
600	六百	*roppyaku*
700	七百	*nanahyaku*
800	八百	*happyaku*
900	九百	*kyūhyaku*
1000	千	*sen*
2000	二千	*nisen*
3000	三千	*sanzen*
4000	四千	*yonsen*
7000	七千	*nanasen*
8000	八千	*hassen*
9000	九千	*kyūsen*
10.000	一万	*ichiman*
40.000	四万	*yonman*
100.000	十万	*jūman*
1.000.000	百万	*hyakuman*
10.000.000	千万	*senman*
100.000.000	一億	*ichioku*
1.000.000.000	十億	*jūoku*
1.000.000.000.000	兆	*chō*

十一のりんご
jūichi no ringo
undici mele

飛行機から二百人くらい降りました
hikōki kara nihyaku nin kurai orimashita
dall'aeroplano sono scese circa **duecento** persone

今年は1994年です
kotoshi wa sen kyūhyaku kyū jū yo nen desu
quest'anno è il **1994**

富士山の高さは三千七百七十八メートルです
Fujisan no takasa wa sanzen nanahyaku nanajū hachi mētoru desu
l'altezza del monte Fuji è di **3778** metri

! Per i numeri dall'11 in poi nella scrittura orizzontale si tende a usare i numeri arabi in luogo degli ideogrammi cinesi.

! Nella tabella dei cardinali, accanto ai numeri della serie di origine cinese si trovano due numeri della serie di origine giapponese (nella loro forma aggettivale) che possono essere usati per ragioni di eufonia o per evitare confusione con parole aventi la stessa pronuncia. Si tratta di "quattro" e "sette": il primo, *shi*, a causa della sua omofonia con 死 *shi* "morte", viene sostituito da *yo/yon-*; il secondo, *shichi*, che potrebbe essere confuso con *shi* "quattro" se mal pronunciato, viene sostituito da *nana-*:

学校には先生が四人いました
gakkō ni wa sensei ga yo nin imashita
a scuola c'erano **quattro** insegnanti
(con la serie di origine cinese si dovrebbe dire *shinin* che significa "morto")

電車で四時間くらいかかります
densha de yo jikan kurai kakarimasu
col treno occorrono circa **quattro** ore

あの本の値段は七千円です
ano hon no nedan wa nanasen en desu
il prezzo di quel libro è **settemila** yen

AUSILIARI DEI NUMERALI

- I numeri della serie di origine cinese possono essere usati da soli, ma più spesso precedono taluni sostantivi o suffissi coi quali si uniscono formando delle parole composte:

十五人	*jūgo nin*	quindici **persone**
五時間	*go jikan*	cinque **ore**
六年	*roku nen*	sei **anni**

- L'ultima sillaba dei numeri *ichi*, *san*, *roku*, *hachi*, *jū*, *hyaku* e *sen* si fonde a volte con la prima del sostantivo che segue dando luogo a una modifica eufonica. Le due tabelle mostrano appunto le modifiche che avvengono nell'incontro tra i primi dieci numeri della serie di origine cinese e alcune parole o ausiliari dei numerali. Si tenga presente che come questi termini si comportano tutti quelli che iniziano con una sillaba della stessa famiglia.

- Non sono stati considerati i casi di *hyaku* e *sen* perché, data l'identica terminazione, si comportano rispettivamente come *roku* e *san*.

chō	*fun*	*kai*	*shūkan*
mille miliardi	minuto	piano (nelle case)	settimana
itchō	*ippun*	*ikkai*	*isshūkan*
nichō	*nifun*	*nikai*	*nishūkan*
sanchō	*sanpun*	*sangai*	*sanshūkan*
yonchō	*yonfun*	*yonkai*	*yonshūkan*
gochō	*gofun*	*gokai*	*goshūkan*
rokuchō	*roppun*	*rokkai*	*rokushūkan*
nanachō	*nanafun*	*nanakai*	*nanashūkan*
hatchō	*happun*	*hakkai*	*hasshūkan*
kyūchō	*kyūfun*	*kyūkai*	*kyūshūkan*
jutchō	*juppun*	*jukkai*	*jūshūkan*

hon	*sai*	*tō*	*wa*
ausiliari dei numerali		ausiliari dei numerali	
ippon	*issai*	*ittō*	*ichiwa*
nihon	*nisai*	*nitō*	*niwa*
sanbon	*sansai*	*santō*	*sanba*
yonhon	*yonsai*	*yontō*	*yonwa/yowa*
gohon	*gosai*	*gotō*	*gowa*
roppon	*rokusai*	*rokutō*	*roppa/rokuwa*
nanahon	*nanasai*	*nanatō*	*nanawa*
happon	*hassai*	*hattō*	*hachiwa/happa*
kyūhon	*kyūsai*	*kyūtō*	*kyūwa*
juppon	*jussai*	*juttō*	*juppa*

Segue, in ordine alfabetico, l'elenco dei più frequenti ausiliari dei numerali:

番 *ban* — serve a formare i numerali ordinali a partire dai cardinali:

クラスで一番の学生
kurasu de ichiban no gakusei
il **primo** della classe

部 *bu* — per qualsiasi cosa sia composta di più fogli:

この書類を三部下さい
kono shorui o sanbu kudasai
mi dia **tre copie** di questo documento

着 *chaku* — per i capi di vestiario:

赤い服を一着買いました
akai fuku o icchaku kaimashita
ho comprato **un** vestito rosso

台 *dai* — per automobili, macchinari ecc.:

彼は二台の車を持っています
kare wa nidai no kuruma o motte imasu
lui ha **due** automobili

振り *furi*	per spade giapponesi (è uno dei rari casi di ausiliario di origine giapponese): 刀を一振り買いました *katana o hitofuri kaimashita* ho comprato **una** spada giapponese
杯 *hai*	per contenitori di liquidi: 何杯葡萄酒を飲みましたか *nanbai budōshu o nomimashita ka* quanti (bicchieri) di vino hai bevuto? 二杯飲みました *nihai nomimashita* ne ho bevuti **due**
匹 *hiki*	per animali, esclusi gli uccelli: 一匹の黒い猫 *ippiki no kuroi neko* **un** gatto nero
本 *hon*	per oggetti lunghi e sottili: 五本の木 *gohon no ki* **cinque** alberi ローマへの汽車は一日十本あります *Roma e no kisha wa ichinichi juppon arimasu* per Roma ci sono **dieci** treni al giorno
畳 *jō*	per misurare la superficie delle stanze in *tatami*, la stuoia giapponese che ricopre i pavimenti della casa; corrisponde a 90 x 180 cm circa: この部屋は十畳です *kono heya wa jū jō desu* questa stanza misura **dieci** tatami
回 *kai* 度 *do*	per contare le volte: もう三回言いました *mō sankai iimashita* te l'ho già detto **tre volte**

軒 *ken* — per case e fabbricati in genere:

家は何軒ありますか
ie wa nangen arimasu ka
quante (case) ci sono?

三軒あります
sanken arimasu
ce ne sono **tre**

機 *ki* — per gli aerei:

三機の飛行機
sanki no hikōki
tre aeroplani

個 *ko* — per tutti gli oggetti che non hanno un ausiliare specifico:

三個のひすいを買いました
sanko no hisui o kaimashita
ho comprato **tre** pietre di giada

曲 *kyoku* — per brani musicali:

ヴェルディを二曲聞きました
Verdi o nikyoku kikimashita
ho ascoltato **due brani** di Verdi

枚 *mai* — per oggetti piatti e di poco spessore:

六枚の皿
rokumai no sara
sei piatti

日 *nichi* — serve per contare i giorni, per tradurre "un giorno" e per indicare i giorni del mese dall'11 in poi, con l'esclusione del 20 e dei numeri che terminano per 4 (vedi pag. 83):

一日	十二日
ichinichi	*jūninichi*
un giorno	**dodici giorni**

人 *nin* — per le persone:

三人

sannin
tre persone (ma 一人 *hitori* “una persona”, 二人 *futari* “due persone”)

八人の学生
hachinin no gakusei
otto studenti

歳 / 才 *sai* — per indicare l’età:

あの子供は十歳です
ano kodomo wa jussai desu
quel bambino ha **dieci** anni

冊 *satsu* — per libri ecc.:

三冊の雑誌があります
sansatsu no zasshi ga arimasu
ci sono **tre** riviste

隻 *seki / sō* — per navi e imbarcazioni in genere (*sō*, pronuncia *on*, si usa per unità di piccolo tonnellaggio):

三隻 のボートが見えます
sansō no bōto ga miemasu
si vedono **tre** barche

足 *soku* — per paia di scarpe o calze:

三足 の靴下を買いました
sanzoku no kutsushita o kaimashita
ho comprato **tre paia** di calze

頭 *tō* — per animali di grandi dimensioni:

一頭 のインド象
ittō no indo zō
un elefante indiano

通 *tsū* — per lettere:

今日手紙を二通 書きました
kyō tegami onitsū kakimashita
oggi ho scritto **due** lettere

羽 *wa* — per gli uccelli:

一羽のあひる
ichiwa no ahiru
un'anatra

- I numeri cardinali servono anche per la formazione di parole che indicano i giorni del mese e i mesi dell'anno oltre che, naturalmente, per contarli.

GIORNI DEL MESE

- Per indicare i giorni dal 2 al 10 si utilizza, con qualche variante, la forma enumerativa dei numerali di origine giapponese seguita da 日 *ka* "giorno". Dall'11 in poi, con l'eccezione di 14, 20 e 24, si usa il numerale di origine cinese seguito da 日 *nichi* "giorno":

一日	*tsuitachi*	l'uno
二日	*futsuka*	il due
三日	*mikka*	il tre
四日	*yokka*	il quattro
五日	*itsuka*	il cinque
六日	*muika*	il sei
七日	*nanoka*	il sette
八日	*yōka*	l'otto
九日	*kokonoka*	il nove
十日	*tōka*	il dieci
十一日	*jūichinichi*	l'undici
十二日	*jūninichi*	il dodici
十三日	*jūsannichi*	il tredici
十四日	*jūyokka*	il quattordici
十五日	*jūgonichi*	il quindici
十六日	*jūrokunichi*	il sedici
十七日	*jūshichinichi*	il diciassette
十八日	*jūhachinichi*	il diciotto
十九日	*jūkunichi*	il diciannove
二十日	*hatsuka*	il venti
二十一日	*nijūichinichi*	il ventuno
二十二日	*nijūninichi*	il ventidue
二十三日	*nijūsannichi*	il ventitré
二十四日	*nijūyokka*	il ventiquattro

二十五日	*nijūgonichi*	il venticinque
二十六日	*nijūrokunichi*	il ventisei
二十七日	*nijūshichinichi*	il ventisette
二十八日	*nijūhachinichi*	il ventotto
二十九日	*nijūkunichi*	il ventinove
三十日	*sanjūnichi*	il trenta
三十一日	*sanjūichinichi*	il trentuno

- Con l'eccezione di "un giorno", che si dice *ichinichi*, gli stessi termini servono per contare i giorni:

三日	三日前から
mikka	*mikka mae kara*
tre giorni	**da tre giorni**

- L'ultimo giorno del mese si dice anche 晦日 *misoka* e l'ultimo giorno dell'anno 大晦日 *ōmisoka*.

MESI DELL'ANNO

- Si indicano con i numeri dall'1 al 12 seguiti da *gatsu* che, come poi *getsu*, è la pronuncia *on* di 月 "mese", "luna":

一月	*ichigatsu*	gennaio
二月	*nigatsu*	febbraio
三月	*sangatsu*	marzo
四月	*shigatsu*	aprile e così via

- Per contare i mesi si usa *getsu* preceduto dai numeri accompagnati da *ka*, un ausiliario che comporta modifiche eufoniche:

一ヶ月	*ikkagetsu*	un mese
二ヶ月	*nikagetsu*	due mesi
三ヶ月	*sankagetsu*	tre mesi
四ヶ月	*yonkagetsu*	quattro mesi
五ヶ月	*gokagetsu*	cinque mesi
六ヶ月	*rokkagetsu*	sei mesi
七ヶ月	*nanakagetsu*	sette mesi
八ヶ月	*hakkagetsu*	otto mesi

九ヶ月	*kyūkagetsu*	nove mesi
十ヶ月	*jukkagetsu*	dieci mesi

! Per contare i mesi da 1 a 3 si possono usare anche i seguenti termini di origine giapponese (*tsuki* è la pronuncia *kun* di 月 “mese”, “luna”):

一月	*hitotsuki*	un mese
二月	*futatsuki*	due mesi
三月	*mitsuki*	tre mesi

● Per contare gli anni, le settimane, le ore, i minuti e i secondi si usa la serie di origine cinese seguita rispettivamente da:

年	*nen*	anno
週	*shū*	settimana
時	*ji*	ora
分	*fun*	minuto
秒	*byō*	secondo

五年日本にいました
gonen Nihon ni imashita
sono stato **cinque anni** in Giappone

三年前からミラノで働いています
sannen mae kara Mirano de hataraite imasu
lavoro a Milano da **tre anni**

四週間前(に)ミラノに着きました
yonshūkan mae (ni) Mirano ni tsukimashita
sono arrivato a Milano **quattro settimane** fa

二時間後出来上がります
nijikan go dekiagarimasu
sarà pronto fra **due ore**

五分間の内に終えて下さい
gofunkan no uchi ni oete kudasai
finite entro **cinque minuti** !

十秒間黙っていました
jūbyōkan damatte imashita
sono stato zitto per **dieci secondi**

! L’aggiunta di 間 *kan* quando si tratta di indicare un “intervallo di tempo” è obbligatoria per *shū* e *ji*, facoltativa per gli altri termini.

ETA'

- Per chiedere l'età si usa lo specifico suffisso 才 *sai* :

何才ですか
nan sai desu ka

oppure, più gentile:

何才でいらっしゃいますか
nan sai de irasshaimasu ka
(Lei) quanti anni ha?

La risposta sarà per esempio:

三十才です
sanjussai desu
ho trent'anni

- Quando ci si rivolge a un bambino si usano le espressioni semplificate:

何才
nan sai

oppure

いくつ
ikutsu
quanti anni hai?

DATA

- Si è già visto, parlando dei numerali cardinali, come si indicano i giorni, i mesi e gli anni. Basterà quindi un esempio (si rilevi tuttavia l'inversione d'uso rispetto all'italiano):

今日は何日ですか
kyō wa nannichi desu ka
che giorno è oggi?

今日は1994年11月15日です
kyō wa sen kyūhyaku kyū jū yonen jūichigatsu jūgonichi desu

oggi è il **15 novembre 1994**

! I giapponesi si riferiscono anche, come già in passato, alle ere della loro storia. Tali ere, a partire dal 1868, hanno coinciso con i periodi di regno dei vari imperatori:

1868 - 1912	era Meiji
1912 - 1926	era Taishō
1926 - 1989	era Shōwa
1989 -	era Heisei

Il 1994, sesto anno dell'era Heisei, si dirà quindi anche 平成六年 *Heisei rokunen*.

ORA

- L'espressione per chiedere l'ora è:

  何時ですか
  nanji desu ka
  che ora è?

- Nella risposta si usa il numerale cardinale seguito da 時 *ji*:

  三時です
  sanji desu
  sono **le tre**

  三時十五分（すぎ）です
  sanji jūgofun (sugi) desu
  sono le tre e un quarto (lett. **le tre e quindici minuti**)

  三時半です
  sanji han desu
  sono **le tre e mezza**

  四時十五分前です
  yoji jūgofun mae desu
  sono le quattro meno un quarto (lett. **quindici minuti prima delle quattro**)

- Per indicare le ore antimeridiane e pomeridiane si

premette all'ora rispettivamente 午前 *gozen* (lett. prima della costellazione del Cavallo) e 午後 *gogo* (lett. dopo la costellazione del Cavallo):

午前六時	午後十一時
gozen rokuji	*gogo jūichiji*
le sei **del mattino**	le undici **di sera**

NUMERALI ORDINALI

Si formano dai numerali cardinali nei modi seguenti:

- serie sostantivale di origine giapponese seguita da 目 *me*:

一つ目 *hitotsume* **primo**
三つ目 *mittsume* **terzo**

三つ目の道
mittsume no michi
la terza strada

- serie cinese (quando i numeri sono soli) seguita da 番 *ban* o 番目 *banme* oppure preceduta da 第 *dai*; **primo** si potrà quindi dire:

一番 *ichiban*
一番目 *ichibanme*
第一 *daiichi*
第一番 *daiichiban*
第一番目 *daiichibanme*

一番の人
ichiban no hito
la **prima** persona

- serie cinese (quando i numeri sono seguiti da un ausiliare o da una parola di origine cinese così da formare una parola composta) seguita da *me* oppure preceduta da *dai*; il **primo anno** si dirà quindi:

一年目 *ichinenme*
第一年 *daiichinen*

VERBI

- La forma verbale giapponese vale per tutti i generi e numeri: 食べる *taberu* può cioè significare "io mangio", "tu mangi", "lui mangia", "lei mangia", "noi mangiamo" ecc.; 食べた *tabeta* "io mangiai", "tu mangiasti" e così via.

- I **modi** e i **tempi** si ottengono aggiungendo particelle e/o ausiliari alle cosiddette basi verbali che sono invariabili. Vi è un unico tempo per il presente e il futuro certo e un unico tempo per il passato; questo corrisponderà perciò all'imperfetto italiano, al passato remoto, al passato prossimo ecc.

- In giapponese vi sono forme che non esistono in italiano: **potenziale** (poter mangiare), **causativa** (far mangiare) e **desiderativa** (desiderare di mangiare).

- I verbi possono essere transitivi, intransitivi, attivi e passivi. Non esistono verbi riflessivi.

CONIUGAZIONI

Sono due:

- **coniugazione "gentile"** o "formale". Si usa per i verbi delle proposizioni principali in un linguaggio di media cortesia e comporta l'uso dell'ausiliare "gentile" ます *masu*:

  先生が本を読みます
  sensei ga hon o yomimasu
  il maestro **legge** il libro

- **coniugazione "piana"** o "informale". Si usa in genere in un linguaggio familiare, amichevole o nelle proposizioni secondarie:

先生が本を読む
sensei ga hon o yomu
il maestro **legge** il libro

! Quando ci si rivolge a persone di grande riguardo si ricorre a particolari parole, forme o verbi **onorifici**:

先生が本をお読みになります
sensei ga hon o oyomi ni narimasu
il maestro **legge** il libro
(*o* + base indefinita del verbo + *ni naru* costituisce la forma onorifica)

CLASSIFICAZIONE

I verbi si dividono in due classi in base alla terminazione della forma verbale che si trova nei dizionari, chiamata appunto "forma del dizionario"; tale forma, che peraltro finisce sempre in *u*, corrisponde al presente indicativo piano, che è stato scelto per convenzione a rappresentare il verbo (l'infinito non esiste in giapponese):

- **prima classe**. Comprende quasi tutti i verbi che terminano in える *eru* e いる *iru*, detti "deboli" perché subiscono poche modifiche nella coniugazione;
- **seconda classe**. Comprende tutti gli altri verbi, che costituiscono la maggior parte dei verbi giapponesi. Sono detti "forti" perché comportano maggiori modifiche nella coniugazione. Appartengono a questa classe anche parecchi verbi in *eru* e *iru*. Tra i più usati:

入る	*hairu*	entrare
走る	*hashiru*	correre
減る	*heru*	diminuire
いる	*iru*	occorrere
帰る	*kaeru*	ritornare
切る	*kiru*	tagliare
しゃべる	*shaberu*	chiacchierare
知る	*shiru*	sapere, conoscere

- **verbi irregolari**: する *suru* "fare" e 来る *kuru* "venire".

BASI VERBALI

Servono per la formazione dei modi e dei tempi e vengono date nell'ordine usualmente seguito nelle grammatiche giapponesi. Si faccia molta attenzione perché le nuove sillabe che si vengono a formare devono essere sillabe realmente esistenti in giapponese: se ad esempio si deve sostituire la *i* alla *u* per ottenere la base indefinita del verbo 出す *dasu* **far uscire**, occorrerà ricordare che la sillaba "si" non esiste ed è sostituita da *shi* nella famiglia della "s": la forma corretta sarà quindi 出し *dashi*. Per poter seguire più facilmente quanto si dirà a proposito delle singole basi si faccia riferimento alla tabella di pag. 97.

BASE NEGATIVA (B1)

Serve soprattutto per la coniugazione negativa piana del verbo. Si ottiene:

- per i verbi della prima classe togliendo la sillaba finale *ru* alla forma del dizionario:

  食べ *tabe* da 食べる *taberu* **mangiare**

- per i verbi della seconda classe sostituendo *a* alla vocale finale *u* della forma del dizionario:

  読ま *yoma* da 読む *yomu* **leggere**

Aggiungendo a questa base negativa le voci della coniugazione dell'aggettivo ない *nai* "inesistente" si ottiene la **coniugazione negativa piana**:

食べない	*tabenai*	**non mangio**
食べなかった	*tabenakatta*	**non ho mangiato**
読まない	*yomanai*	**non leggo**
読まなかった	*yomanakatta*	**non ho letto**

- I verbi irregolari *suru* e *kuru* hanno come base negativa rispettivamente し *shi* e 来 *ko*; si avrà perciò:

しない	*shinai*	**non faccio**
しなかった	*shinakatta*	**non ho fatto**
来ない	*konai*	**non vengo**
来なかった	*konakatta*	**non sono venuto**

Da questa base inoltre si ottengono:

- la **forma passiva** aggiungendo *rareru* ai verbi della prima classe e *reru* ai verbi della seconda:

食べられる	*taberareru*	**essere mangiato**
読まれる	*yomareru*	**essere letto**

- la **forma potenziale** aggiungendo *rareru* ai verbi della prima classe (per i verbi della seconda vedi pag. 96):

食べられる	*taberareru*	**poter mangiare**

- la **forma causativa** aggiungendo *saseru* ai verbi della prima classe e *seru* ai verbi della seconda:

食べさせる	*tabesaseru*	**far mangiare**
読ませる	*yomaseru*	**far leggere**

! Il sistema grammaticale giapponese considera *rareru* e *reru* veri e propri ausiliari che consentono di ottenere le forme passiva, potenziale e di rispetto; 教えられる *oshierareru* (da 教える *oshieru* **insegnare**) avrà quindi i tre significati seguenti: "essere insegnato", "poter insegnare" e "insegna" (l'insegnante è persona cui si deve rispetto).

BASE VOLITIVA - ESORTATIVA (B1a)

Si usa per lo più per indicare l'intenzione di fare qualcosa. Si ottiene:

- per i verbi della prima classe togliendo la sillaba finale *ru* alla forma del dizionario:

tabe da *taberu*

- per i verbi della seconda classe sostituendo *o* alla vocale finale *u* della forma del dizionario:

  yomo da *yomu*

Per il suo uso come **forma verbale** si fa seguire *yō* se i verbi sono di prima classe, si allunga la vocale *o* se sono della seconda:

食べよう	*tabeyō*	**mangiamo!**
読もう	*yomō*	**leggiamo!**

- I verbi irregolari *suru* e *kuru* hanno come base volitiva rispettivamente *shi* e *ko*; la forma esortativa sarà perciò:

しよう	*shiyō*	**facciamo!**

BASE INDEFINITA (B2)

E' la più usata. Serve soprattutto per costruire la forma "gentile" del verbo. Si ottiene:

- per i verbi della prima classe togliendo la sillaba finale *ru* alla forma del dizionario:

  tabe da *taberu*

- per i verbi della seconda classe sostituendo *i* alla vocale finale *u* della forma del dizionario:

  yomi da *yomu*

- I verbi irregolari *suru* e *kuru* hanno come base indefinita rispettivamente *shi* e *ki*. Avremo perciò:

します	*shimasu*	**faccio, farò**
来ます	*kimasu*	**vengo, verrò**

! La base indefinita spesso coincide col **sostantivo** di significato corrispondente:

腰掛け	*koshikake*	**sedia**	da *koshikakeru* sedersi
嘆き	*nageki*	**lamento**	da *nageku* lamentarsi

! La base indefinita di alcuni **verbi onorifici** in *aru* è irregolare:

下さい	*kudasai*	da *kudasaru* dare
なさい	*nasai*	da *nasaru* fare
いらっしゃい	*irasshai*	da *irassharu* essere, andare, venire
おっしゃい	*osshai*	da *ossharu* dire

La **forma gentile** si ottiene aggiungendo a questa base le voci del verbo ausiliare ます *masu* (per la sua coniugazione completa si veda alle pagg. 105-106). Avremo perciò:

食べます	*tabemasu*	**mangio, mangerò**
食べました	*tabemashita*	**mangiavo** ecc.
食べません	*tabemasen*	**non mangio, non mangerò**
食べませんでした	*tabemasen deshita*	**non mangiavo** ecc.

E analogamente:

読みます	*yomimasu*	**leggo, leggerò**
読みました	*yomimashita*	**leggevo** ecc.

Alla base indefinita si possono aggiungere:

- た *ta* per formare il **passato**:

  りんごを食べた
  ringo o tabeta
  ho mangiato una mela

- て *te* per formare il **gerundio** e per altri usi:

  りんごを食べて外へ行った
  ringo o tabete soto e itta
  dopo aver mangiato una mela sono uscito

- たい *tai*, ausiliare per la **forma desiderativa**:

  食べたい
  tabetai
  vorrei mangiare

! L'aggiunta di *ta* e *te* comporta quasi sempre modifiche

eufoniche, come si può vedere nelle tabelle di coniugazione dei verbi.

BASE CONCLUSIVA (B3)

Coincide con la forma del dizionario; può essere seguita da そうだ *sō da*, らしい *rashii* ecc. e si trova alla fine della frase:

彼は来るらしい
kare wa kuru rashii
sembra che lui **venga**

BASE ATTRIBUTIVA (B4)

E' identica alla base conclusiva, ma a differenza di questa si trova all'interno della frase; può essere seguita da ので *node* **poiché**, こと *koto* **fatto** ecc.:

漢字を読むことは難しい
kanji o yomu koto wa muzukashii
è difficile **leggere** gli ideogrammi

BASE CONDIZIONALE - IPOTETICA (B5)

- Si ottiene per tutti i verbi (compresi *kuru* e *suru*) sostituendo *e* alla vocale finale *u* della forma del dizionario:

tabere da *taberu*
yome da *yomu*

- Serve soprattutto per formare il **condizionale** giapponese, che in realtà corrisponde al congiuntivo e all'indicativo italiani preceduti da "se" e che si ottiene aggiungendo alla base la particella ば *ba*. Si tratta di una forma unica che può rendere i tempi presente, futuro e passato italiani. Si può far precedere la forma verbale da もし *moshi* **se**, e in questo caso si esprime una vera e propria ipotesi:

(もし) 食べれば	*(moshi) tabereba*	**se mangio, se mangiassi, se mangerò**
(もし) 読めば	*(moshi) yomeba*	**se leggo, se leggessi, se leggerò**

- Sia pure solo come regola pratica, questa base può essere utilizzata per ottenere il **potenziale** dei verbi della seconda classe:

yomeru **poter leggere**

BASE IMPERATIVA (B6)

Serve soprattutto per formare l'imperativo col quale coincide. Si ottiene:

- per i verbi della prima classe sostituendo *yo* alla sillaba finale *ru* della forma del dizionario:

食べよ *tabeyo* **mangia!**

- per i verbi della seconda classe sostituendo *e* alla vocale finale *u* della forma del dizionario:

読め *yome* **leggi!**

- L'imperativo dei verbi irregolari *suru* e *kuru* è rispettivamente せよ *seyo* e 来い *koi* o 来よ *koyo*.

TABELLA DELLE BASI

	FORMA DEL DIZIONARIO, B3, B4	B1	B1a	B2	B5	B6
prima classe	*taberu* mangiare	*tabe*	*tabe*	*tabe*	*tabere*	*tabeyo*
	miru vedere	*mi*	*mi*	*mi*	*mire*	*miyo*
seconda classe	*kaku* scrivere	*kaka*	*kako*	*kaki*	*kake*	*kake*
	oyogu nuotare	*oyoga*	*oyogo*	*oyogi*	*oyoge*	*oyoge*
	dasu far uscire	*dasa*	*daso*	*dashi*	*dase*	*dase*
	matsu aspettare	*mata*	*mato*	*machi*	*mate*	*mate*
	yobu chiamare	*yoba*	*yobo*	*yobi*	*yobe*	*yobe*
	yomu leggere	*yoma*	*yomo*	*yomi*	*yome*	*yome*
	toru prendere	*tora*	*toro*	*tori*	*tore*	*tore*
	iu dire	*iwa*	*io*	*ii*	*ie*	*ie*

- come *kaku* si coniuga il verbo 行く *iku* **andare** salvo che all'indicativo passato (行った *itta* **sono andato**) e al gerundio (行って *itte* **andando**)

- come *yomu* si coniuga l'unico verbo giapponese che termina in *nu*: 死ぬ *shinu* **morire**

- come *toru* si coniugano i verbi che terminano in *aru*, *oru* e *uru*, oltre ai verbi in *eru* e *iru* appartenenti alla seconda classe

- come *iu* si coniugano tutti i verbi la cui forma del dizionario termina con due vocali e precisamente con *au*, *iu*, *ou*, *uu*. Si noti l'anomalia nella formazione della base negativa B1 per tutti i verbi che appartengono a questo gruppo

Considerando che B1a (base volitiva-esortativa) e B6 (imperativa) sono di uso limitato, le basi importanti si riducono in pratica a quattro. E infatti solo a quattro basi hanno fatto riferimento diverse grammatiche giapponesi per stranieri compilate in passato. E' anche il caso del "Corso Pratico di Lingua Giapponese" di Mario Scalise, nel quale sono previste le seguenti basi verbali: indefinita (B2), condizionale (B5), negativa (B1), positiva (B3,B4). In questa grammatica comunque si è preferito adottare la soluzione più completa che tiene maggiormente conto della struttura della lingua giapponese.

MODI E TEMPI DEL VERBO

I **modi** del verbo giapponese sono: **indicativo**, **condizionale**, **imperativo** e **gerundio**. Non esistono il congiuntivo, l'infinito e il participio italiani.

- Il congiuntivo italiano preceduto da "se" viene reso col condizionale; preceduto da "sebbene" con l'indicativo seguito da けれど(も) *keredo (mo)*:

se mangio, se mangiassi ecc. 食べれば *tabereba*
sebbene mangi 食べるけれど(も) *taberu keredo (mo)*

sebbene mangi molto resta magra
たくさん食べるけれども痩せている
takusan taberu keredo mo yasete iru

- Per tradurre l'infinito sostantivato italiano si ricorre a una locuzione costituita dal presente indicativo piano seguito da こと *koto* **fatto**:

camminare fa bene alla salute
歩くことは健康に良い
aruku koto wa kenkō ni yoi

leggere libri è utile
本を読むことは役に立つ
hon o yomu koto wa yaku ni tatsu

- Il participio italiano viene trattato come la corrispondente proposizione relativa:

il libro (**che ho**) **letto** è interessante
読んだ本は面白い
yonda hon wa omoshiroi

il mandarino **(che ho) mangiato** non era dolce
私が食べたみかんは甘くない
watakushi ga tabeta mikan wa amaku nai

- Il condizionale italiano viene reso in genere con l'indicativo, che può essere seguito da のに *noni*:

se avessi soldi **comprerei** l'automobile
もしお金があれば自動車を買うのに
moshi okane ga areba jidōsha o kau noni

sarei andato se non avesse piovuto
雨が降らなければ 行ったのに
ame ga furanakereba *itta noni*

Quanto ai **tempi** esiste un'unica forma per il **presente** e il **passato** di tutti i modi, salvo l'indicativo che li contempla entrambi.

- Non esiste una forma specifica per il futuro che è dato dal presente indicativo quando si tratta di futuro certo:

  読む *yomu* **leggerà**

- Il futuro incerto si ottiene aggiungendo al presente indicativo だろう *darō* per la forma piana e でしょう *deshō* per la forma gentile:

  読むだろう/でしょう *yomu darō/deshō* **forse leggerà**

CONIUGAZIONE PIANA

CONIUGAZIONE POSITIVA

INDICATIVO		CONDIZ.	IMPER.	GERUNDIO
presente e futuro certo	**passato**	**presente e passato**		**forma *te***
taberu mangio, mangerò	*tabeta* mangiai ecc.	*tabereba* se mangiassi ecc.	*tabeyo* mangia	*tabete* mangiando, avendo mangiato
miru	*mita*	*mireba*	*miyo*	*mite*
kaku	*kaita*	*kakeba*	*kake*	*kaite*
oyogu	*oyoida*	*oyogeba*	*oyoge*	*oyoide*
dasu	*dashita*	*daseba*	*dase*	*dashite*
matsu	*matta*	*mateba*	*mate*	*matte*
yobu	*yonda*	*yobeba*	*yobe*	*yonde*
yomu	*yonda*	*yomeba*	*yome*	*yonde*
toru	*totta*	*toreba*	*tore*	*totte*
iu	*itta*	*ieba*	*ie*	*itte*

Da questa tabella, che va tenuta come modello e che si consiglia di studiare a memoria, risultano evidenti le modifiche eufoniche che si verificano nell'indicativo passato e nel gerundio per i verbi della seconda classe (escluso il gruppo di *dasu*).

Il condizionale si può esprimere anche nei due modi seguenti:

- presente indicativo piano + *nara*:

食べるなら *taberu nara*
読むなら *yomu nara*

- passato indicativo piano + *ra*:

食べたら *tabetara*
読んだら *yondara*

Vediamo le differenze.

- La forma in *ba* illustrata nella tabella esprime una condizione normale:

イタリアへ行けばスパゲッティが食べられます
Itaria e ikeba supagetti ga taberaremasu
se andrò in Italia potrò mangiare spaghetti
(quando vado in Italia di solito mangio gli spaghetti, che posso però mangiare anche altrove)

! si noti il complemento oggetto con la posposizione *ga*, obbligatoria nella forma potenziale

- La forma in *nara* esprime una condizione più forte della precedente e si riferisce a un evento presente o futuro:

イタリアへ行くなら私も行きます
Itaria e ikunara watakushi mo ikimasu
se si va in Italia verrò anch'io
(qui si pone una condizione più drastica; il significato è che non voglio andare in un altro paese)

- La forma in *ra* è molto simile a quella in *ba* ma l'azione ipotetica deve compiersi prima che si possa compiere l'azione espressa nella proposizione principale:

イタリアへ行ったらスパゲッティが食べられます
Itaria e ittara supagetti ga taberaremasu
se andrò in Italia potrò mangiare gli spaghetti
(lo potrò fare solo una volta arrivato in Italia)

CONIUGAZIONE NEGATIVA

Salvo che per l'imperativo si aggiungono alla base negativa B1 le voci della coniugazione dell'aggettivo *nai*.

INDICATIVO		CONDIZ.	IMPER.	GERUNDIO
presente e futuro certo	**passato**	**presente e passato**		**forma *te***
tabenai	*tabenakatta*	*tabenakereba*	*taberu na*	*tabenakute*
non mangio, non mangerò	non mangiai ecc.	se non mangiassi ecc.	non mangiare	non mangiando non avendo mangiato
minai	*minakatta*	*minakereba*	*miru na*	*minakute*
kakanai	*kakanakatta*	*kakanakereba*	*kaku na*	*kakanakute*
oyoganai	*oyoganakatta*	*oyoganakereba*	*oyogu na*	*oyoganakute*
dasanai	*dasanakatta*	*dasanakereba*	*dasu na*	*dasanakute*
matanai	*matanakatta*	*matanakereba*	*matsu na*	*matanakute*
yobanai	*yobanakatta*	*yobanakereba*	*yobu na*	*yobanakute*
yomanai	*yomanakatta*	*yomanakereba*	*yomu na*	*yomanakute*
toranai	*toranakatta*	*toranakereba*	*toru na*	*toranakute*
iwanai	*iwanakatta*	*iwanakereba*	*iu na*	*iwanakute*

! なくて *nakute* può essere sostituito da ないで *naide*

FORME GENTILI

- Aggiungendo （の） です *(no) desu* alla forma piana positiva e negativa dell'indicativo si ottiene la corrispondente **forma gentile**, di solito usata nella lingua scritta:

食べる （の） です *taberu (no) desu*	**mangio, mangerò**
食べた （の） です *tabeta (no) desu*	**mangiai** ecc.
食べない （の） です *tabenai (no) desu*	**non mangio, non mangerò**
食べなかった （の） です *tabenakatta (no) desu*	**non mangiai** ecc.

- Si ricorda però che la forma gentile abitualmente usata nella lingua sia parlata sia scritta è quella che si ottiene con le voci dell'ausiliare *masu* (vedi pagg. 105-106).

CONIUGAZIONE GENTILE

- Si aggiungono alla base indefinita B2 le voci dell'ausiliare ます *masu*; questo non viene mai usato da solo e segue quasi regolarmente la coniugazione dei verbi del gruppo di *dasu*.

- La coniugazione gentile viene usata di regola nelle proposizioni principali, mentre in quelle secondarie si ricorre alla coniugazione piana. Pertanto i modi condizionale e gerundio normalmente non vanno messi nella forma gentile, dato che si trovano in proposizioni secondarie. L'eventuale uso della forma gentile in questi casi renderebbe il discorso ancora più cortese.

- Riportiamo ora la coniugazione positiva e negativa dando un esempio per i verbi della prima classe (*taberu* **mangiare**; B2 *tabe*) e uno per i verbi della seconda (*kaku* **scrivere**; B2 *kaki*).

! L'imperativo non è stato considerato perché in pratica non viene usato (salvo nell'espressione いらっしませ *irasshaimase* **La prego di accomodarsi**, propria del linguaggio femminile); di solito si utilizzano altre forme, di cui si parlerà alle pagg. 128-129.

CONIUGAZIONE POSITIVA

INDICATIVO		CONDIZIONALE	GERUNDIO
presente e futuro certo	**passato**	**presente e passato**	**forma *te***
tabemasu	*tabemashita*	*tabemashitara*	*tabemashite*
kakimasu	*kakimashita*	*kakimashitara*	*kakimashite*

CONIUGAZIONE NEGATIVA

INDICATIVO		CONDIZIONALE	GERUNDIO
presente e futuro certo	**passato**	**presente e passato**	**forma *te***
tabemasen	*tabemasen deshita*	*tabemasen kereba* *tabemasen deshitara(ba)*	*tabemasen de*
kakimasen	*kakimasen deshita*	*kakimasen kereba* *kakimasen deshitara(ba)*	*kakimasen de*

VERBI TRANSITIVI E INTRANSITIVI

- In giapponese vi sono verbi la cui funzione transitiva o intransitiva è contraddistinta da piccole variazioni nella forma:

仕事を始める *shigoto o hajimeru* (lui) comincia il lavoro	仕事が始まる *shigoto ga hajimaru* il lavoro comincia
学校を終えた *gakkō o oeta* (lui) ha finito la scuola	学校が終わえた *gakkō ga owaeta* la scuola è finita
肉を焼きました *niku o yakimashita* ha arrostito la carne	彼の家は焼けました *kare no uchi wa yakemashita* la sua casa è bruciata

- Come si è detto, i verbi riflessivi non esistono; a quelli italiani corrispondono in genere verbi transitivi o intransitivi:

svegliarsi	目を覚ます	*me o samasu* (aprire gli occhi)
alzarsi	起きる	*okiru*
lavarsi	体を洗う	*karada o arau* (lavare il corpo)
vestirsi	着物を着る	*kimono o kiru* (indossare il kimono)
nascondersi	隠れる	*kakureru*
rompersi	壊れる	*kowareru*

今朝は冷たい水で体を洗った
kesa wa tsumetai mizu de karada o aratta
stamattina **mi sono lavato** con l'acqua fredda

洗濯機が壊れた
sentakuki ga kowareta
si è rotta la lavatrice

USO DI *IKU* E *KURU*

- Questi due verbi significano rispettivamente "andare" e "venire"; il loro uso a volte non corrisponde a quello italiano, e precisamente:

- si usa 行く *iku* **andare** quando il soggetto si dirige verso un luogo lontano da quello nel quale si trova:

田中さん、早く来て下さい
Tanakasan, hayaku kite kudasai
signor Tanaka, venga presto qui

はい、すぐ行きます
hai, sugu ikimasu
sì, vengo subito

- si usa 来る *kuru* **venire** quando il soggetto deve tornare nel luogo in cui si trova in quel momento. Ad esempio due insegnanti che si trovano a scuola diranno:

あなたは明日学校へ来ますか
anata wa ashita gakkō e kimasu ka
Lei viene a scuola domani?

はい、来ます
hai, kimasu
sì, ci vengo

! se si trovassero altrove, nella risposta sarebbe obbligatorio l'uso di *iku*

- In composizione con 持つ *motsu* **avere** nella sua forma *te* i due verbi assumono il significato di "portare un oggetto":

彼女に花を持って行って下さい
kanojo ni hana o motte itte kudasai
portale dei fiori (lett. **vai avendo**)

私に花を持って来て下さい
watakushi ni hana o motte kite kudasai
portami dei fiori (lett. **vieni avendo**)

! In composizione con 連れる *tsureru* **accompagnare**

nella sua forma *te* i due verbi si comportano allo stesso modo assumendo il significato di "accompagnare, portare una persona".

- L'espressione italiana "andare a fare qualcosa e proseguire" oppure "tornare" viene resa còn la forma *te* del verbo seguita rispettivamente da *iku* e *kuru*; "andare" non si traduce:

食事をして行きます
shokuji o shite ikimasu
vado a pranzare **e poi vado via**

食事をして来ます
shokuji o shite kimasu
vado a pranzare **e torno**

USO PARTICOLARE DI *SURU*

- Aggiungendo する *suru* "fare" a numerosi sostantivi si ottengono verbi di significato corrispondente:

勉強	*benkyō*	studio	勉強する	*benkyō suru*	**studiare**
食事	*shokuji*	pasto	食事する	*shokuji suru*	**pranzare**
挨拶	*aisatsu*	saluto	挨拶する	*aisatsu suru*	**salutare**

マリオは日本語を勉強しました
Mario wa nihongo o benkyō shimashita
Mario **ha studiato** il giapponese

! è possibile che tra il sostantivo e *suru* si trovi la posposizione *o*; in tal caso il sostantivo diventa il normale complemento oggetto di *suru*:

マリオは日本語の勉強をしました
Mario wa nihongo no benkyō o shimashita
Mario **ha fatto studi** di giapponese

- Tra i verbi composti di *suru* è bene ricordare quelli formati con sostantivi di origine straniera; per esempio:

バック・アップ	***bakku-appu***	sostegno
バック・アップする	*bakku-appu suru*	**sostenere**
ボイコット	***boikotto***	boicottaggio
ボイコットする	*boikotto suru*	**boicottare**
プレゼント	***purezento***	regalo
プレゼントする	*purezento suru*	**regalare**

VERBO ESSERE

Non è un verbo ausiliare come in italiano; presenta due forme diverse a seconda delle diverse funzioni cui adempie.

FORMA DI ESISTENZA

- Si usa quando il verbo "essere" ha funzione di **predicato verbale**, in altre parole quando significa "esistere", "trovarsi". Generalmente è accompagnato da un complemento di stato in luogo, che richiede la posposizione *ni*; *aru* è la forma di esistenza per le **cose** concrete o astratte, *iru* per gli **esseri animati** (persone e animali). Per la loro coniugazione si rimanda rispettivamente ai gruppi di *toru* e *miru*:

  ここに椅子があります
  koko ni isu ga arimasu
  qui **c'è** una **sedia**

  田中さん(が)いますか
  Tanaka san (ga) imasu ka
  c'è il signor **Tanaka** ?

! Se la frase è negativa la particella di caso *ga* è sostituita da *wa*:

  学校に先生はいません
  gakkō ni sensei wa imasen
  a scuola **non c'è** l'insegnante

Uso particolare della forma di esistenza

- Con le stesse modalità d'uso e pur mantenendo il loro significato, *aru* e *iru* vengono in pratica a corrispondere all'italiano **avere, possedere**:

  兄がいます
  ani ga imasu
  ho un fratello maggiore (lett. **fratello maggiore è**)

姉はいません
ane ***wa*** *imasen*
non ho sorelle maggiori (lett. **sorelle maggiori non sono**)

私は時計が二つあります
watakushi wa *tokei* ***ga futatsu*** *arimasu*
ho due orologi (lett. quanto a me, due **orologi sono**)

! Per le cose si preferisce tuttavia usare il verbo composto 持っている *motte iru*:

私は時計を二つ持っています
watakushi wa *tokei* ***o futatsu*** *motte imasu*
ho due orologi (lett. io due **orologi avendo sono**)

FORMA DI IDENTIFICAZIONE

Si usa quando il verbo "essere" ha la funzione di **predicato nominale** (copula), cioè quando è accompagnato da un sostantivo o da un aggettivo, in altre parole quando "identifica" una caratteristica del soggetto.

Coniugazione positiva

Si ottiene facendo precedere le voci di *aru* dalla particella *de*. Nella lingua parlata, e spesso anche nella lingua scritta, le forme così ottenute si contraggono nelle coniugazioni positive piana e gentile.

	piana	**gentile**
indicativo pres.	*da* = *de aru*	*desu* = *de arimasu*
indicativo pass.	*datta* = *de atta*	*deshita* = *de arimashita*
condizionale pres. e pass.	*dattara* = *de attara*	*deshitara(ba)* = *de arimashitara(ba)*
gerundio forma *te*	*de* = *de atte*	*deshite* = *de arimashite*

Coniugazione negativa

La coniugazione negativa **piana** si ottiene premettendo le particelle *de* e *wa* alla coniugazione dell'aggettivo *nai*, la coniugazione negativa **gentile** premettendo le stesse particelle alla coniugazione negativa gentile di *aru*. Si noti la corrispondenza di significato: *nai* "è inesistente", *arimasen* "non c'è".

	piana	**gentile**
indicativo pres.	*de wa nai*	*de wa arimasen*
indicativo pass.	*de wa nakatta*	*de wa arimasen deshita*
condizionale pres. e pass.	*de wa nakattara*	–
gerundio forma *te*	*de wa nakute*	*de wa arimasen de*

! *de wa* può essere sostituito da *ja*

Qualche esempio:

これは本だ
kore wa hon da
questo **è** un libro

これは本ではない
kore wa hon de wa nai
questo **non è** un libro

あなたは田中様ですか
anata wa Tanakasan desu ka
Lei **è** il signor Tanaka?

はい、私は田中です
hai, watakushi wa Tanaka desu
sì, **sono** Tanaka

いいえ、私は田中ではありません
iie, watakushi wa Tanaka de wa arimasen
no, **non sono** Tanaka

FORMA PASSIVA

- La forma passiva, peraltro poco usata dai giapponesi, si ottiene:

  - per i verbi della prima classe aggiungendo *rareru* alla base negativa B1:

食べる	食べ	食べられる
taberu	*tabe*	*taberareru*
mangiare	B1	**essere mangiato**

  - per i verbi della seconda classe aggiungendo *reru* alla base negativa B1:

呼ぶ	呼ば	呼ばれる
yobu	*yoba*	*yobareru*
chiamare	B1	**essere chiamato**

! Per il **complemento d'agente** si usa di regola la posposizione に *ni* (raramente *kara*):

肉は猫に食べられました
niku wa neko ni taberaremashita
la carne **è stata mangiata dal** gatto

生徒は先生に呼ばれました
seito wa sensei ni yobaremashita
lo scolaro **è stato chiamato dal** maestro

! Il **soggetto** può essere seguito dalla posposizione *o*:

手紙を読まれました
tegami o yomaremashita
la lettera è stata letta

友達は泥棒に財布を盗まれました
tomodachi wa dorobō ni saifu o nusumaremashita
il mio amico è stato derubato del portafoglio da un ladro (lett. quanto al mio amico, **il portafoglio** è stato rubato da un ladro)

- La forma passiva può essere usata anche con alcuni verbi intransitivi per esprimere il disappunto per un fatto accaduto a chi parla o al soggetto della frase:

友達が来た *tomodachi ga kita* è venuto un amico	友達に来られた *tomodachi ni korareta* è venuto un amico (**all'improvviso**)
子供が泣きました *kodomo ga nakimashita* un bambino ha pianto	子供に泣かれました *kodomo ni nakaremashita* un bambino ha pianto (**contro ogni aspettativa**)
雨が降りました *ame ga furimashita* ha piovuto	雨に降られました *ame ni furaremashita* ha piovuto (**causando disagio**)
父が死んだ *chichi ga shinda* mio padre è morto	父に死なれた *chichi ni shinareta* mi è morto il padre (**il dolore è messo in evidenza**)

! Si noti la posposizione *ni* per il soggetto, richiesta dalla forma passiva del verbo.

FORMA POTENZIALE

- Si ottiene:
  - per i verbi della prima classe aggiungendo *rareru* alla base negativa B1:

教える	教え	教えられる
oshieru	*oshie*	*oshierareru*
insegnare	B1	**poter insegnare**

  - per i verbi della seconda classe aggiungendo *ru* alla base condizionale B5:

書く	書け	書ける
kaku	*kake*	*kakeru*
scrivere	B5	**poter scrivere**

  - La forma potenziale di *suru* e *kuru* è:

出来る	*dekiru*	**poter fare**
来られる	*korareru*	**poter venire**

! Il **complemento oggetto** è preferibilmente seguito dalla posposizione *ga*:

彼は魚が食べられません
kare wa sakana ga taberaremasen
lui **non può mangiare** pesce

明日イタリアの新聞が読める
ashita Itaria no shinbun ga yomeru
si può leggere domani il giornale italiano

- Il potenziale può essere espresso anche con una **perifrasi**, cioè facendo seguire alla forma del dizionario la locuzione ことができる *koto ga dekiru*, letteralmente "il fatto è possibile":

昨夜彼は眠ることができました
sakuya kare wa nemuru koto ga dekimashita
stanotte **ha potuto dormire**

! Questa locuzione è obbligatoria con *suru* e i verbi composti di *suru*; con questi ultimi *suru koto ga* può cadere:

彼はすることができます
kare wa suru koto ga dekimasu
(lo) **può fare**

彼は勉強できます
kare wa benkyō dekimasu
può studiare

- Quando si vuol indicare la **capacità** di fare qualcosa si usa *dekiru* "potere", "essere possibile", che richiede l'uso della posposizione *ga*:

私はテニスができません
watakushi wa tenisu ga dekimasen
non so giocare a tennis

貴方はイタリア語ができますか
anata wa itariago ga dekimasu ka
Lei **sa** l'italiano?

FORMA CAUSATIVA

- Si ottiene:

  - per i verbi della prima classe aggiungendo *saseru* alla base negativa B1:

食べる	食べ	食べさせる
taberu	*tabe*	*tabesaseru*
mangiare	B1	**far mangiare**

  - per i verbi della seconda classe aggiungendo *seru* alla base negativa B1:

読む	読ま	読ませる
yomu	*yoma*	*yomaseru*
leggere	B1	**far leggere**

  - La forma causativa di *suru* e *kuru* è:

させる	*saseru*	**far fare**
来させる	*kosaseru*	**far venire**

! Per il **complemento d'agente** si usa la posposizione *ni*:

子供に本を読ませる
kodomo ni hon o yomaseru
far leggere il libro **dal** bambino

FORMA NEGATIVA *NAI*

- ない *nai*, come si è visto, è un aggettivo che significa "inesistente" e che si usa per:

  - coniugare in **forma piana negativa** gli aggettivi *i*:

赤くない	赤くなかった
akaku nai	*akaku nakatta*
non è rosso	**non era rosso**

  ! aggiungendo (の)です *(no) desu* alle voci di *nai* si ottiene la corrispondente **forma gentile**:

赤くない(の)です	赤くなかった(の)です
akaku nai (no)desu	*akaku nakatta (no) desu*

  - coniugare in **forma piana negativa** i verbi partendo dalla base negativa B1:

食べない	食べなかった
tabenai	*tabenakatta*
non mangio	**non ho mangiato**

  ! aggiungendo *(no) desu* si ottiene la corrispondente **forma gentile**:

食べない(の)です	食べなかった(の)です
tabenai (no) desu	*tabenakatta (no) desu*

! In forma attributiva *nai* può essere sostituito da *nu*:

泣かない/泣かぬ子供
nakanai /nakanu kodomo
bambino che non piange

! Nel significato di "senza" *naide* (forma *te* di *nai*) può essere sostituito da *zu ni*:

読まないで/読まずに
yomanaide/yomazu ni
senza leggere

FORMA DESIDERATIVA

- Si esprime nei seguenti modi, a seconda che il verbo italiano **desiderare** o **volere** sia accompagnato da:

  - un **sostantivo**; in questo caso tale sostantivo richiede la posposizione *ga* seguita dall'aggettivo ほしい *hoshii* "desideroso" se la frase è positiva:

    私は本がほしい
    watakushi wa hon ga hoshii
    desidero un libro

  ! se la frase è negativa il sostantivo richiede la posposizione *wa*:

    本はほしくない
    hon wa hoshiku nai
    non desidero un libro

  - un **verbo**; in questo caso tale verbo va messo nella forma indefinita B2 seguita dall'ausiliare desiderativo *tai* che si coniuga come gli aggettivi *i*:

    すしを食べたい
    sushi o tabetai
    desidero mangiare sushi

    すしを食べたくない
    sushi o tabetaku nai
    non desidero mangiare sushi

  ! il verbo può anche essere espresso nella forma *te* seguita da *hoshii*:

    本を読んでほしい
    hon o yonde hoshii
    vorrei che leggeste un libro

    すしを食べてほしくない
    sushi o tabete hoshiku nai
    non desidero mangiare sushi

- Quando si verificano contemporaneamente le seguenti condizioni:

  - chi esprime il desiderio è una **terza persona**

- *hoshii* o B2 + *tai* fungono da **predicati** in una proposizione **principale** al tempo **presente**

si useranno, sempre con la posposizione *o*, rispettivamente:

- ほしがっている *hoshigatte iru*
- B2 + たがっている *tagatte iru*

彼は本をほしがっている
***kare wa hon** o hoshigatte iru*
egli **desidera** un libro

彼はすしを食べたがっている
***kare wa sushi** o tabetagatte iru*
egli **desidera mangiare** sushi

FORMA ESORTATIVA

- Si ottiene:
  - per i verbi della prima classe facendo seguire *yō* alla base B1a:

食べる	食べ	食べよう
taberu	*tabe*	*tabeyō*
mangiare	B1a	**mangiamo!**

野菜を 食べよう
yasai o tabeyō
mangiamo la verdura!

  - per i verbi della seconda classe allungando la vocale *o* con cui termina la base B1a:

読む	読も	読もう
yomu	*yomo*	*yomō*
leggere	B1a	**leggiamo!**

新聞を 読もう
shinbun o yomō
leggiamo il giornale!

  - la forma esortativa di *suru* è:

しよう *shiyō* **facciamo!**

! La forma esortativa dell'ausiliare gentile ます *masu* è *mashō*:

食事をしましょう
shokuji o shi mashō
pranziamo!

FORMA VOLITIVA

Può essere utilizzata per esprimere i seguenti significati:

- **pensare di fare**. Si ottiene :
  - per i verbi della prima classe con B1a + *yō* + *to omou*:

    電話をかけようと思う
    den'wa o kakeyō to omou
    penso di telefonare

  - per i verbi della seconda classe con B1a + allungamento della vocale finale *o* + *to omou*:

    アメリカへ行こうと思う
    Amerika e ikō to omou
    penso di andare in America

  - *suru* e *kuru* hanno come base rispettivamente *shi* e *ko*:

    勉強しようと思う
    benkyō shiyō to omou
    penso di studiare

- **stare per fare**. Si ottiene:
  - per i verbi della prima classe con B1a + *yō* + *to suru*:

    教えようとする
    oshieyō to suru
    sto per insegnare

    着ようとする
    kiyō to suru
    sto per vestirmi

  - per i verbi della seconda classe con B1a + allungamento della vocale finale *o* + *to suru*:

    行こうとする
    ikō to suru
    sto per andare

切ろうとする
kirō to suru
sto per tagliare

! 着る *kiru* **vestirsi** appartiene alla prima classe,
切る *kiru* **tagliare** è della seconda

- *suru* e *kuru* hanno come basi rispettivamente *shi* e *ko*:

勉強しようとする
benkyō shiyō to suru
sto per studiare

- **dire a qualcuno di fare**. Si ottiene:

  - per tutti i verbi (compresi *suru* e *kuru*) con B4 + *yō ni iu*:

マリオに電話をかけるように言う
Mario ni den'wa o kakeru yō ni iu
dico a Mario **di telefonare**

マリオにアメリカへ行くように言う
Mario ni Amerika e iku yō ni iu
dico a Mario **di andare** in America

マリオに 勉強するように言う
Mario ni benkyō suru yō ni iu
dico a Mario **di studiare**

FORMA SUPPOSITIVA

La supposizione è sempre fatta da chi parla e può riferirsi anche a un fatto passato. Si danno vari casi.

SUPPOSIZIONE CON QUALCHE FONDAMENTO

La si può esprimere in due modi.

Prima possibilità

- per i **verbi**: B3 + らしい *rashii*

  雨が降るらしい
  ame ga furu rashii
  sembra che piova (lett. **che cada** la pioggia)

- per gli **aggettivi** *i*: forma del dizionario + *rashii*

  外は寒いらしい
  soto wa samui rashii
  sembra che fuori **faccia freddo**

- per gli **aggettivi** *na*: sostantivo + *rashii*

  彼は病気らしい
  kare wa byōki rashii
  sembra che sia malato

- per i **sostantivi**: sostantivo + *rashii*

  日本人らしい
  Nihonjin rashii
  sembra un giapponese

Seconda possibilità

- per i **verbi**: B4 + ようだ *yō da*

  雨が降るようだ
  ame ga furu yō da
  sembra che piova (lett. **che cada** la pioggia)

- per gli **aggettivi** *i*: forma del dizionario + *yō da*

  寒いようだ
  samui yō da
  sembra che faccia freddo

- per gli **aggettivi** *na*: forma del dizionario + *yō da*

  静かなようだ
  shizuka na yō da
  sembra tranquillo

- per i **sostantivi**: sostantivo + *no yō da*

  日本人のようだ
  Nihonjin no yō da
  sembra un giapponese

SUPPOSIZIONE CON SCARSO FONDAMENTO

Può essere accompagnata da たぶん *tabun* **forse**. Si ottiene:

- per i **verbi**: B3 + だろう *darō*

  彼は来るだろう
  kare wa kuru darō
  forse verrà

  彼は来ないだろう
  kare wa konai darō
  forse non verrà

- per gli **aggettivi** *i*: forma del dizionario + *darō*

  小さいだろう
  chiisai darō
  forse è piccolo

- per gli **aggettivi** *na*: sostantivo + *darō*

  静かだろう
  shizuka darō
  forse è tranquillo

- per i **sostantivi**: sostantivo + *darō*

日本人だろう
Nihonjin darō
forse è un giapponese

SUPPOSIZIONE BASATA SU CIO' CHE SI VEDE

Si ottiene:

- per i **verbi**: B2 + そうだ *sō da*

雨が降りそうだ
ame ga furisō da
sembra che stia per piovere (lett. **che stia per cadere** la pioggia)

- per gli **aggettivi** *i*: radice + *sō da*

寒そうだ
samusō da
sembra che faccia freddo

- per gli **aggettivi** *na*: sostantivo + *sō da*

幸せそうだ
shiawase sō da
sembra felice

- per i **sostantivi**: sostantivo + *sō da*

日本人だそうだ
Nihonjin da sō da
sembra un giapponese

! *sō da* può però anche limitarsi a fornire una semplice informazione; in tal caso è preceduto dalla forma del dizionario:

寒いそうだ
samui sō da
si dice che farà freddo

FORME IMPERATIVE

Sono diverse perché devono offrire la possibilità di esprimersi correttamente nelle diverse situazioni della complessa società giapponese.

MODO IMPERATIVO

Le forme della coniugazione piana dell'imperativo sono dure, molto familiari e vengono usate solo nei tre casi seguenti:

- nei **comandi** in ambito militare, sportivo ecc.:

  やすめ *yasume* **riposo !**

  とまれ *tomare* **alt !**

- dagli **uomini**, rivolgendosi ad amici maschi o a un inferiore:

  早く行け
  hayaku ike
  va in fretta

! si può anche aggiungere *yo*

- nel **discorso indiretto** (il tono è indicato dal verbo principale):

  早く行けと兄が言いました
  hayaku ike to ani ga iimashita
  mio fratello mi ha detto **di andare** in fretta

FORMA *TE*

E' usata nel **linguaggio familiare**:

食べて	*tabete*	**mangia**	見て	*mite*	**guarda**
書いて	*kaite*	**scrivi**	読んで	*yonde*	**leggi**

RICHIESTA GENTILE

Richiesta positiva

Si ottiene:

- forma positiva in *te* + ください *kudasai*. E' la più usata:

教えてください	読んでください
oshiete kudasai	*yonde kudasai*
dica per favore	**legga per favore**

- B2 + なさい *nasai*. E' meno gentile della precedente:

言いなさい	読みなさい
iinasai	*yominasai*
dite	**leggete**

Richiesta negativa

Si ottiene:

- forma negativa in *te* + *kudasai*:

言わないでください	読まないでください
iwanaide kudasai	*yomanaide kudasai*
non dica per favore	**non legga per favore**

- forma positiva in *te* + *wa ikemasen* /*narimasen*:

走ってはいけません	読んではなりません
hashitte wa ikemasen	*yonde wa narimasen*
non correte	**non leggete**

OBBLIGO

Può esprimere una necessità o un obbligo morale. Si ottiene:

- **necessità** : B1 + なければなりません *nakereba narimasen*

  手紙 を書かなければなりません
  tegami o kakanakereba narimasen
  devo scrivere una lettera

- **obbligo morale**: B3 + べきだ *beki da*

  手紙 を書くべきだ
  tegami o kaku beki da
  devo scrivere una lettera

PERMESSO

Per concedere o richiedere un permesso si usa:

- forma *te* + もよい(です) *mo yoi (desu)*

  読んでもよいです
  yonde mo yoi desu
  potete leggere (se volete)

  読まないでもよいです
  yomanaide mo yoi desu
  potete non leggere (se volete)

  明日 来てもよいですか
  ashita kite mo yoi desu ka
  va bene se vengo domani?

! in luogo di *yoi (desu)* si può usare anche かまいません *kamaimasen*, lett. **non importa**:

くつのまま 人ってもかまいません
kutsu no mama haitte mo kamaimasen
potete entrare anche con le scarpe

CONSIGLIO

- Il presente o passato piano del verbo seguito da ほうがよいです *hō ga yoi (desu)* esprime l'idea "far meglio a fare / non fare qualcosa":

行く/ 行ったほうがよいです
iku / itta *hō ga yoi desu*
faresti meglio ad andare

行かないほうがよい
ikanai *hō ga yoi*
faresti meglio a non andare

! Per il tempo passato in luogo di *yoi* si usa *yokatta*

行く/ 行ったほうがよかったです
iku / itta *hō ga yokatta desu*
avresti fatto meglio ad andare

行かないほうがよかった
ikanai *hō ga yokatta*
avresti fatto meglio a non andare

FORMA ESCLAMATIVA

Per esprimere sorpresa, meraviglia ecc. si usa la seguente locuzione:

なんて/ と... のだろう
nan te / to... no darō

なんて海は青いのだろう
nan te ***umi wa aoi*** *no darō*
quanto è azzurro il mare!

なんと日本は遠いのでしょう
nan to ***Nihon wa tōi*** *no deshō*
quanto è lontano il Giappone!

USO PARTICOLARE DELLA FORMA *TE*

In combinazione con alcuni verbi questa forma ne modifica il senso.

FORMA *TE* + *ARU* ESSERE

Indica lo **stato d'essere** conseguenza di un'azione precedente (solo con i verbi **transitivi**):

窓が開けてあります
mado ga akete arimasu
la finestra **è aperta** (開ける *akeru* = aprire)

水が入れてあります
mizu ga irete arimasu
c'è dentro l'acqua (入れる *ireru* = introdurre)

手紙が書いてあります
tegami ga kaite arimasu
la lettera **è scritta** (書く *kaku* = scrivere)

FORMA *TE* + *IRU* ESSERE

Viene usata:

- per indicare un'**azione in svolgimento**:

  息子は勉強しています
  musuko wa benkyō shite imasu
  mio figlio studia (**sta studiando**)

- per indicare lo **stato d'essere** conseguenza di un'azione precedente (solo con i verbi **intransitivi**):

  私は立っています
  watakushi wa tatte imasu
  sono in piedi (立つ *tatsu* = alzarsi)

  窓が開いています

mado ga aite imasu
la finestra **è aperta** (開く *aku* = aprirsi)

落ちています
ochite imasu
è per terra (落ちる*ochiru* = cadere)

- **in luogo della forma normale** per alcuni verbi:

持っている *motte iru* **avere, possedere** (e non 持つ*motsu*)
似ている *nite iru* **somigliare** (e non 似る*niru*)
覚えている *oboete iru* **ricordarsi** (e non 覚える*oboeru*)
知っている *shitte iru* **conoscere, sapere** (e non 知る*shiru*)
優れている *sugurete iru* **eccellere** (e non 優れる*sugureru*)

FORMA *TE* + *OKU* METTERE

Si usa per esprimere l'idea di fare qualcosa prima, in anticipo:

読んで / 書いておきました
yonde / kaite okimashita
l'ho letto / scritto in anticipo

FORMA *TE* + *SHIMAU* FINIRE

Esprime l'idea di "finire per fare" qualcosa che sarebbe stato meglio evitare:

飲んでしまいました
nonde shimaimashita
ho finito per berlo

FORMA *TE* + *MIRU* VEDERE

Assume il significato di "provare a fare":

食べてみます
tabete mimasu
proverò a mangiar(lo)

DISCORSO INDIRETTO

- Viene reso riportando il discorso diretto col verbo nella forma piana seguito dalla particella と *to* e da uno dei seguenti verbi:

言う	*iu*	dire
思う	*omou*	pensare, credere
聞く	*kiku*	ascoltare, chiedere
話す	*hanasu*	parlare
書く	*kaku*	scrivere
答える	*kotaeru*	rispondere

o altri di significato analogo. Tali verbi saranno espressi nella forma piana o gentile, a seconda del tono del discorso:

明日学校へ行くと言います
ashita gakkō e iku to iimasu
dice **che andrà a scuola domani**

明日学校へ行くと言いました
ashita gakkō e iku to iimashita
disse **che sarebbe andato a scuola l'indomani**

きのう学校へ行ったと 言います
kinō gakkō e itta to iimasu
dice **di essere andato a scuola ieri**

きのう学校へ行ったと言いました
kinō gakkō e itta to iimashita
disse **di essere andato a scuola il giorno precedente**

マリアは本を読むと言った
Maria wa hon o yomu to itta
Maria ha detto **che avrebbe letto il libro**

- Vediamo ora un caso di discorso diretto riportato testualmente e la stessa frase nel discorso indiretto:

マリアは『りんごが好き』と言った
Maria wa "ringo ga suki" to itta
Maria ha detto: **"mi piace la mela"**

マリアはりんごが好きだと言った
Maria wa ringo ga suki da to itta
Maria ha detto **che le piace la mela**

FORME ONORIFICHE

Come si è detto, l'ausiliare *masu* serve per ottenere la coniugazione gentile dei verbi, da usarsi in un linguaggio di media cortesia. Quando però ci si rivolge a persone di grande riguardo si ricorre a particolari parole, forme o verbi onorifici a seconda dei rapporti esistenti fra gli interlocutori e determinati da posizione sociale, età, sesso ecc.

VERBI ONORIFICI

- Per esprimere lo stesso significato si hanno a volte, oltre al verbo normale, due verbi onorifici, uno chiamato di **rispetto** e l'altro di **umiltà**. Le forme date nella tabella sono quelle del dizionario e naturalmente possono essere coniugate con l'ausiliare *masu*. Le forme indicate tra parentesi non vengono più usate.

! Spesso sono presenti i prefissi onorifici *o-* e *go-*.

VERBO NORMALE	VERBO ONORIFICO DI RISPETTO	VERBO ONORIFICO DI UMILTA'
ある *aru* essere	–	ございます *gozaimasu* *(gozaru)*
いる *iru* essere	いらっしゃる *irassharu*	おります *orimasu* *(oru)*
だ *da* essere	でいらっしゃる *de irassharu*	でございます *de gozaimasu* *(de gozaru)*
する *suru* fare	なさる *nasaru*	いたす *itasu*

VERBO NORMALE	VERBO ONORIFICO DI RISPETTO	VERBO ONORIFICO DI UMILTA'
見る *miru* vedere	ご覧になる *go-ran ni naru*	拝見する *haiken suru*
食べる *taberu* mangiare	召し上がる *meshiagaru*	頂く *itadaku*
飲む *nomu* bere	召し上がる *meshiagaru*	頂く *itadaku*
行く *iku* andare	いらっしゃる *irassharu* おいでになる *o-ide ni naru*	参る *mairu*
来る *kuru* venire	いらっしゃる *irassharu* おいでになる *o-ide ni naru*	参る *mairu*
言う *iu* dire	おっしゃる *ossharu*	申し上げる *mōshiageru*
知る *shiru* sapere	ご存じだ *go-zonji da*	存じておる *zonjite oru*
会う *au* incontrare	–	お目にかかる *o-me ni kakaru*
たずねる *tazuneru* chiedere	–	伺う *ukagau*
寝る *neru* riposare	お休みになる *o-yasumi ni naru*	–
着る *kiru* vestirsi	お召しになる *o-meshi ni naru*	–

- In un discorso onorifico la persona alla quale si parla è considerata di solito un superiore. Lo stesso vale per la persona di cui si parla, se è presente. Fondamentalmente però tutto dipende dai rapporti sociali che intercorrono tra le persone in questione. I bambini, i componenti della propria famiglia e gli animali vengono considerati inferiori.

- Il verbo onorifico di **rispetto** si usa solo per la **seconda** e **terza persona** e per tutto ciò che le riguarda (cose, familiari, azioni ecc.):

  何をなさいましたか
  nani o nasaimashita ka
  che cosa **ha fatto**?

  音楽会にいらっしゃいますか
  ongakkai ni irasshaimasu ka
  Lei **viene** al concerto?

  先生がいらっしゃる
  sensei ga irassharu
  c'è il maestro

  先生はきれいでいらっしゃる
  sensei wa kirei de irassharu
  la maestra **è** bella

- Il verbo onorifico di **umiltà** si usa solo per la **prima persona** e per tutto ciò che la riguarda:

  先生にお目にかかりました
  sensei ni ome ni kakarimashita
  ho incontrato il maestro

  私が伺いました
  watashi ga ukagaimashita
  l'**ho chiesto** io

  手紙を拝見しました
  tegami o haiken shimashita
  ho visto la lettera

  もう頂きました
  mō itadakimashita
  ho già **mangiato**

- Esiste poi un certo numero di verbi che sono solo

onorifici e si usano perciò per tutte le persone, gli animali e le cose.

! I verbi normali, che non hanno corrispondenti verbi onorifici, possono assumere la forma onorifica nei modi seguenti, e precisamente:

- **forma onorifica di rispetto**: *o-* + B2 + *ni naru*

何をお読みになりますか
nani o oyomi ni narimasu ka
che cosa **legge**?

本はお買いになりましたか
hon wa okai ni narimashita ka
ha comprato il libro?

! nel linguaggio colloquiale in luogo di *ni naru* si può trovare anche *da*

- **forma onorifica di umiltà**: *o-* + B2 + *itasu*

六時までお待ちいたします
rokuji made omachi itashimasu
La aspetto fino alle sei

荷物をお持ちいたします
nimotsu o omochi itashimasu
ho del bagaglio

! al posto di *itasu* si può usare *suru* (la forma diventa un po' meno onorifica)

- I verbi composti di *suru* diventano onorifici di rispetto premettendo *go* al sostantivo che precede *suru* e sostituendo quest'ultimo con *nasaru*:

先生はたびたびご旅行なさる
sensei wa tabitabi goryokō nasaru
il maestro **viaggia** spesso

教授は時々研究なさいます
kyōju wa tokidoki kenkyū nasaimasu
il professore ogni tanto **fa ricerche**

Particolarità di *gozaimasu*

Il verbo onorifico di umiltà *gozaimasu* determina le seguenti modifiche negli aggettivi *i* che lo precedono:

- *-ai* diventa - *ō*

高い	高こうございます
takai	*takō gozaimasu*
alto	è alto

! espressioni particolarmente usate sono:

ありがとうございます	ありがたい
arigatō gozaimasu	*arigatai*
grazie	riconoscente
おはようございます	早い
ohayō gozaimasu	*hayai*
buon giorno	rapido
おめでとうございます	めでたい
omedetō gozaimasu	*medetai*
auguri	felice

- *-ii* diventa - *ū*

美しい	美しゅうございます
utsukushii	*utsukushū gozaimasu*
bello	è bello

- *-ui* diventa - *ū*

寒い	寒うございます
samui	*samū gozaimasu*
freddo	è freddo, fa freddo

- *-oi* diventa - *ō*

青い	青うございます
aoi	*aō gozaimasu*
azzurro	è azzurro

VERBI ONORIFICI PER DARE E RICEVERE

Si tratta di verbi usati in funzione dei rapporti che intercorrono fra le persone. Nella trattazione dettagliata che segue e nello specchietto riassuntivo si fa per comodità riferimento alla prima persona (si ricordi che i familiari sono considerati sullo stesso piano).

Verbi onorifici col significato di "dare"

- あげる *ageru* / さしあげる *sashiageru*

Sono verbi onorifici di umiltà e significano letteralmente "innalzare". Si usano quando io do a un superiore. Sono però ormai diventati di uso quasi generale:

先生に本をあげる / さしあげる
sensei ni ***hon o*** *ageru / sashiageru*
do un libro **al maestro**

! *sashiageru* è più gentile di *ageru*

- 与える *ataeru*

Si usa quando io do a persona uguale. Si preferisce tuttavia evitarlo quando si parla di persone:

中国は日本に影響を与えました
Chūgoku wa Nihon ni ***eikyō o*** *ataemashita*
la **Cina ha esercitato** influenza sul **Giappone**

- やる *yaru*

Si usa quando io do a un inferiore. E' però ormai usato prevalentemente per animali o in ambito familiare:

子供は犬にビスケットをやりました
kodomo wa inu ni ***bisukketto o*** *yarimashita*
il bambino ha dato un biscotto **al suo cane**

息子に本をやりました
musuko ni ***hon o*** *yarimashita*
ho dato un libro **a mio figlio**

- くれる *kureru*

Si usa quando un inferiore dà a me o in ambito molto familiare:

息子が本をくれました
musuko ga ***hon o*** *kuremashita*
mio figlio (mi) ha dato un libro

- くださる *kudasaru*

E' un verbo onorifico di rispetto e significa letteralmente "abbassare". Si usa quando un superiore dà a me:

先生が私に本をくださいました
sensei ga watakushi ni ***hon o*** *kudasaimashita*
il maestro mi ha dato un libro

中村さんは妹にお菓子をくださいました
Nakamurasan wa imōto ni ***okashi o*** *kudasaimashita*
il signor Nakamura ha dato un dolce **a mia sorella**

Verbi onorifici col significato di "ricevere"

- いただく *itadaku*

E' un verbo onorifico di umiltà. Si usa quando io ricevo da un superiore:

先生から本をいただきました
sensei kara ***hon o*** *itadakimashita*
ho ricevuto un libro **dal maestro**

- もらう *morau*

Si usa quando io ricevo da un inferiore o in ambito familiare. E' però ormai diventato di uso quasi generale:

子供からりんごをもらう
kodomo kara ***ringo o*** *morau*
ricevo una mela **dal bambino**

- 受けとる *uketoru*

Si usa quando io ricevo da persona uguale:

友達から手紙を受取ました
tomodachi kara ***tegami o*** *uketorimashita*
ho ricevuto una lettera **dal mio amico**

SPECCHIETTO RIASSUNTIVO

! *morau*, *yaru* e *kureru* si usano normalmente in ambito familiare

Forma *te* + *ageru* / *sashiageru*, *yaru* e *kureru*

Questi verbi, uniti alla forma *te* di un altro verbo, esprimono il concetto di "fare un favore a qualcuno". Per il loro uso valgono naturalmente le regole viste prima:

先生に読んでさし上げる
sensei *ni yonde sashiageru*
leggo per il maestro

子供に読んでやる
kodomo *ni yonde yaru*
leggerò per il mio bambino

子供が読んでくれました
kodomo ga *yonde kuremashita*
il bambino **ha letto** (**per** me)

Forma *te* + *itadaku* e *morau*

Allo stesso modo si può esprimere il concetto di "ricevere un favore da qualcuno":

先生に本を読んでいただく
sensei ni hon o yonde itadaku
il maestro **legge** il libro (**per** me)

子供に本を読んでもらいました
kodomo ni hon o yonde moraimashita
il bambino **ha letto** il libro (**per** me)

PREFISSI E SUFFISSI ONORIFICI

Prefissi onorifici

Sono:

- お *o-* per le parole di origine sia giapponese sia cinese
- ご *go-* per le parole di origine cinese

お元気ですか
o genki desu ka
come sta (lett. è buona salute per Lei)?

ごきげんいかがですか
go kigen ikaga desu ka
come sta (lett. la Sua salute com'è)?

お国はどこですか
o kuni wa doko desu ka
di che paese è Lei (lett. il Suo paese dov'è)?

Suffissi onorifici

Si usano solo con i nomi di persona, comuni o propri.
Sono:

- さん *-san*
- 様 *-sama*

女中さんは帰りました
jochūsan wa kaerimashita
la cameriera è tornata

あき子さんは出かけました
Akikosan wa dekakemashita
Akiko è uscita di casa

! -*sama* è più gentile di -*san*; inoltre è usato di regola per il destinatario di una lettera

- Prefissi e suffissi onorifici possono essere utilizzati per indicare qualcosa che appartiene ad altri, e in questo caso sostituiscono l'aggettivo possessivo:

ご両親はお元気ですか
goryōshin wa ogenki desu ka
come stanno i **Suoi** genitori?

- Prefissi e suffissi onorifici possono essere aggiunti ad alcune parole che indicano cose concrete considerate in sé stesse, senza alcun rapporto con le persone:

お日様	*ohisama*	il sole
お月様	*otsukisama*	la luna
お寺	*otera*	il tempio
お天気	*otenki*	il tempo atmosferico
お金	*okane*	il denaro
お湯	*oyu*	l'acqua calda
お茶	*ocha*	il tè

PRONOMI ONORIFICI

Sono :

- この方 *kono kata* / こちら *kochira* **questo signore**
- その方 *sono kata* / そちら *sochira* **quel signore**
- あの方 *ano kata* / あちら *achira* **quel signore**
- どの方 *dono kata* / どちら *dochira* **quale signore?**

この方はロッシさんです
kono kata ***wa Rossisan desu***
questo signore è il signor Rossi

NOMI ONORIFICI DI PARENTELA O DI PERSONA

NOME NEUTRO	NOME DI RISPETTO	NOME DI UMILTA'	
otto	*goshujin*	*shujin, teishu*	**marito**
tsuma	*okusan*	*kanai, nyōbō*	**moglie**
chichi, chichi-oya	*otōsan*	*chichi*	**padre**
haha, haha-oya	*okāsañ*	*haha*	**madre**
oya, ryōshin	*goryōshin*	*oya, ryōshin*	**genitori**
musuko	*musukosan*	*musuko*	**figlio**
musume	*musumesan, ojōsan*	*musume*	**figlia**
ani	*oniisan*	*ani*	**fratello maggiore**
ane	*onēsan*	*ane*	**sorella maggiore**
otōto	*otōtosan*	*otōto*	**fratello minore**
imōto	*imōtosan, oimōtosan*	*imōto*	**sorella minore**
kyōdai	*gokyōdai*	*kyōdai*	**fratelli e sorelle**
sofu	*ojiisan*	*sofu*	**nonno**
sobo	*obāsan*	*sobo*	**nonna**
oji	*ojisan*	*oji*	**zio**
oba	*obasan*	*oba*	**zia**

NOME NEUTRO	NOME DI RISPETTO	NOME DI UMILTA'	
mago	*omagosan*	*mago*	**nipote** (di nonni)
oi	*oigosan*	*oi*	**nipote maschio** (di zii)
mei	*meigosan*	*mei*	**nipote femmina** (di zii)
itoko	*oitokosan*	*itoko*	**cugino, cugina**
kazoku	*gokazoku*	*kazoku*	**famiglia**
kodomo	*okosan*	*kodomo*	**bambino, bambina**
yūjin, tomo(dachi)	*otomodachi*	*yūjin, tomodachi*	**amico, amica**

Okusan, moglie, si usa anche per rivolgersi a una donna sposata.
Ojōsan, figlia, si usa anche per rivolgersi alla figlia di una persona alla quale si deve rispetto oppure a una ragazza che non si conosce.
Ojisan, zio, e *obasan*, zia, si usano anche per rivolgersi a qualcuno che si ritiene abbia la stessa età del proprio zio o della propria zia. Con questi stessi termini i bambini possono rivolgersi a qualcuno che non conoscono.
Il medesimo criterio si può applicare a *ojiisan*, nonno, e *obāsan*, nonna. I bambini usano più frequentemente i corrispondenti vezzeggiativi *ojiichan* e *obāchan*.
Otōsan e *okāsan* vengono usati per rivolgersi al proprio padre o alla propria madre.
Oniisan e *onēsan* sono impiegati dal fratellino o dalla sorellina per rivolgersi al fratello maggiore o alla sorella maggiore quando la differenza d'età è molto grande; altrimenti li chiamano per nome. Questi stessi termini possono anche essere impiegati dai bambini per rivolgersi a persone che ritengono avere la stessa età del fratello o della sorella maggiore.

AVVERBI

La lingua giapponese ha pochi avverbi propriamente detti; molti sono invece quelli formati a partire da altre parti del discorso, e molte sono le locuzioni avverbiali.
In ogni caso l'avverbio è **invariabile** e generalmente **precede** il verbo e l'aggettivo; quando precede un altro avverbio ne modifica il significato.

AVVERBI PROPRIAMENTE DETTI

Tra i più usati ricordiamo:

いつも	*itsumo*	sempre
たいへん	*taihen*	molto
ちょうど	*chōdo*	esattamente
もちろん	*mochiron*	naturalmente
たいてい	*taitei*	generalmente
ほとんど	*hotondo*	quasi
まったく	*mattaku*	completamente
とても	*totemo*	molto

新聞をいつも読みます
shinbun o** itsumo **yomimasu
leggo **sempre** il giornale

ほとんど終わりました
*hotondo **owarimashita***
ho finito **quasi (tutto)**

ほとんどわかりません
*hotondo **wakarimasen***
non capisco **quasi (nulla)**

NOMI AVVERBIALI

A differenza degli avverbi propriamente detti, alcune parole con significato avverbiale si comportano come nomi, possono cioè essere seguiti dalle posposizioni dei casi. Tra gli altri:

昨日	*kinō*	ieri
明日	*ashita*	domani
今	*ima*	adesso
今年	*kotoshi*	quest'anno

明日の朝早く起きます
ashita no ***asa hayaku okimasu***
domani mattina mi alzerò presto

AVVERBI DERIVATI DA AGGETTIVI

Aggettivi *i*

Basta sostituire *ku* a *i* :

速く	*haya ku*	velocemente	(da *hayai* veloce)
悲しく	*kanashi ku*	tristemente	(da *kanashii* triste)

Aggettivi *na*

Basta sostituire *ni* a *na* :

静かに	*shizuka ni*	tranquillamente	(da *shizuka na* tranquillo)
正直に	*shōjiki ni*	onestamente	(da *shōjiki na* onesto)

AVVERBI DA SOSTANTIVI RIPETUTI

L'avverbio può anche essere costituito da un sostantivo ripetuto. Precisamente dall'idea originaria della pluralità si passa a volte al significato avverbiale corrispondente:

ほうぼう	*hōbō*	ovunque, qua e là (da *hō* "parte", "direzione")
なかなか	*nakanaka*	piuttosto, molto se il verbo è al positivo con difficoltà, non completamente se il verbo è al negativo (entrambi da *naka* "interno")

たびたび	*tabitabi*	spesso (da *tabi* “volta”)
ときどき	*tokidoki*	di tanto in tanto (da *toki* “tempo”)
だんだん	*dandan*	a poco a poco (da *dan* “gradino”)

AVVERBI IN *TE*

Coincidono con la forma *te* dei verbi; per esempio:

初めて	*hajimete*	per la prima volta (da *hajimeru* “incominciare”)
急いで	*isoide*	in fretta (da *isogu* “aver fretta”)

AVVERBI ONOMATOPEICI

I giapponesi usano molti avverbi onomatopeici, che si suddividono in due gruppi: uno imita il suono prodotto dall'azione, l'altro richiama l'idea del modo in cui si compie un'azione. Di solito le parole del primo gruppo si scrivono in *katakana* che infatti è usato, oltre che per i nomi stranieri o gli imprestiti, per qualsiasi parola enfatica. Alcuni avverbi appartenenti all'uno o all'altro gruppo sono sempre seguiti dalla particella *to*; altri a volte lo sono e a volte no; altri ancora sono seguiti a volte da *to* e a volte da *ni*.

Esempi del primo gruppo:

ブーブー	*būbū*	grugnito del maiale, brontolio
ワンワン	*wanwan*	l'abbaiare del cane
ニャーニャー	*nyānyā*	il miagolio del gatto
グーグー	*gūgū*	il russare

Esempi del secondo gruppo:

すらすら	*surasura*	con grande facilità

はっきり	*hakkiri*	chiaramente
すっかり	*sukkari*	completamente
ゆっくり	*yukkuri*	senza fretta, lentamente
きっと	*kitto*	certamente, sicuramente

SHIKA

しか *shika* **soltanto, nient'altro che** è una particella avverbiale che si usa esclusivamente in proposizioni negative:

日本語 しか分かり ません
nihongo shika wakari masen
capisco solo il giapponese (lett. **non** capisco **altro che**)

たまに しか行 ません
tama ni shika iki masen
vado solo raramente (lett. **non** vado **che** di rado)

少し しか分かり ません
sukoshi shika wakari masen
capisco solo un po' (lett. **non** capisco **che** poco)

! *sukoshi wakarimasen* significa invece "capisco quasi tutto" (lett. non capisco poco, c'è poco che non capisco)

AVVERBI DI AFFERMAZIONE E NEGAZIONE

- Sono:

- はい *hai* **sì**
- いいえ *iie* **no**

! Occorre però fare molta attenzione, perché il loro uso è diverso rispetto all'italiano, e precisamente si usa *hai* per esprimere l'accordo al contenuto della frase interrogativa, *iie* per esprimere il disaccordo. Bisogna quindi distinguere:

- se la frase interrogativa è positiva, non vi sono differenze con l'italiano:

面白い小説を最近読みましたか
omoshiroi shōsetsu o saikin yomimashita ka
ha letto recentemente un romanzo interessante?

はい、読みました
hai, yomimashita
sì, l'ho letto

いいえ、読みませんでした
iie, yomimasen deshita
no, non l'ho letto

- se la frase interrogativa è negativa, il comportamento sarà diverso:

歴史の本を持っていませんか
rekishi no hon o motte imasen ka
non avete libri di storia?

はい、持っていません
hai, motte imasen
no, non ne abbiamo

いいえ、持っています
iie, motte imasu
sì, ne abbiamo

- Per dire "sì " si può anche ricorrere all'espressione そうです *sō desu* **così è** e per dire "no" a そうではありません *sō de wa arimasen* **così non è**. Queste due espressioni si usano, sempre tenendo conto di quanto si è detto a proposito dell'accordo o del disaccordo rispetto al contenuto della frase, quando l' interrogativa è del tipo "nome + *desu/de wa arimasen*". Si possono aggiungere anche *hai* e *iie*, naturalmente seguendo le regole già spiegate:

学生ですか
gakusei desu ka
sei uno studente ?

(はい)そうです
(hai,) sō desu
sì, lo sono

(いいえ) そうではありません
(iie,) sō de wa arimasen
no, non lo sono

学生ではありませんか
gakusei de wa arimasen ka
non sei uno studente ?

(はい) そうではありません
(hai,) sō de wa arimasen
no, non lo sono

(いいえ) そうです
(iie,) sō desu
sì, lo sono

! In luogo di *de wa arimasen* si può usare ちがいます *chigaimasu* (da ちがう *chigau* **essere diverso**), che però è un po' più forte:

日本の方ですか
Nihon no kata desu ka
Lei è giapponese?

(いいえ) ちがいます
(iie,) chigaimasu
no, non lo sono

日本の方ではありませんか
Nihon no kata de wa arimasen ka
Lei non è giapponese?

(はい) ちがいます
(hai,) chigaimasu
no, non lo sono

POSPOSIZIONI

Sono particelle invariabili e non autonome che si mettono dopo un nome, un verbo, un aggettivo o una proposizione per indicare la relazione fra l'elemento dopo il quale si trovano e gli altri elementi della frase. Per le posposizioni dei casi si veda anche pag. 25.

が GA

- indica il **soggetto** (nominativo):

  昨日 雨が降りました
  kinō ame ga furimashita
  ieri ha piovuto (lett. ieri **la pioggia** è caduta)

- indica l'**oggetto** della frase italiana, che in realtà è il soggetto di quella giapponese, con alcuni verbi come できる *dekiru* **potere, essere possibile,** わかる *wakaru* **capire** ecc. Il soggetto della frase italiana diventa in giapponese il tema del discorso e quindi è seguito da *wa*:

  あの人は英語が できます
  ano hito wa eigo ga dekimasu
  lui sa l'inglese (lett. quanto a lui, **l'inglese** è possibile)

の NO

- indica il complemento di **specificazione** (genitivo):

  日本の 旗です
  Nihon no hata desu
  è la bandiera **del Giappone**

  昨日の 新聞です
  kinō no shinbun desu
  è il giornale **di ieri**

- può essere usato al posto di こと *koto* **fatto** quando questo serve a tradurre l'infinito sostantivato italiano:

  日本語を読むのは難しい
  nihongo o yomu no wa muzukashii
  (il fatto di) leggere il giapponese è difficile

- può essere usato al posto di *ga* per indicare il soggetto di una proposizione relativa:

  私の読んだ本
  watakushi no yonda hon
  il libro che **io** ho letto

に *NI*

- indica il complemento di **termine** (dativo):

  マリオに手紙を書きます
  Mario ni tegami o kakimasu
  scrivo una lettera **a Mario**

- indica il complemento di **stato in luogo** con i verbi ある *aru* **essere** ("esistere","trovarsi" riferito a cose), いる *iru* **essere** ("esistere","trovarsi" riferito a esseri animati), 住む *sumu* **vivere**, 止まる *tomaru* **fermarsi** ecc.:

  アメリカにいます
  Amerika ni imasu
  sono **in America**

- indica il complemento di **moto a luogo** quando si vuol mettere in rilievo la destinazione:

  公園に行きます
  kōen ni ikimasu
  vado **al parco**

  アメリカに行きます
  Amerika ni ikimasu
  vado **in America**

- indica il complemento di **tempo**:

8時に帰ります
hachiji ni ***kaerimasu***
torno **alle otto**

- unito alla base indefinita del verbo sostituisce la locuzione "forma del dizionario + *koto*":

読みに行く
yomi ni ***iku***
vado **a leggere**

- funge da complemento d'**agente** nelle forme passiva e causativa del verbo:

鼠は猫に食べられた
nezumi wa *neko ni* ***taberareta***
il topo è stato mangiato **dal gatto**

子供に本を読ませる
kodomo ni ***hon o yomaseru***
faccio leggere il libro **dai bambini**

- è obbligatorio con alcuni **verbi intransitivi** come 会う *au*, なる *naru*, ふれる *fureru*, さわる *sawaru* ecc.:

友達に会った
tomodachi *ni atta*
ho incontrato un amico

医者になりました
isha *ni narimashita*
è diventato medico

この問題にふれてはいけません
kono mondai *ni furete* ***wa ikemasen***
non tocchi questo argomento

この物にさわってはいけません
kono mono *ni sawatte* ***wa ikemasen***
non tocchi questo oggetto

- si usa per formare **avverbi** a partire dagli aggettivi *na*/*no*:

正直に	平和に
shōjiki ni	*heiwa ni*
onestamente	**pacificamente**

を O

- indica il complemento **oggetto** (accusativo):

マリオに本をあげました
Mario ni hon o agemashita
ho dato **un libro** a Mario

前を見てください
mae o mite kudasai
guardi avanti (lett. **il davanti**)

- indica il complemento di **moto attraverso luogo**:

川を渡る
kawa o wataru
attraversare il fiume (lett. passare **per il fiume**)

道を歩く
michi o aruku
camminare **per strada**

- indica il complemento di **moto da luogo**:

家を出る
uchi o deru
uscire **di casa**

学校を卒業する
gakkō o sotsugyō suru
diplomarsi (uscire diplomato **dalla scuola**)

で DE

- indica il complemento di **stato in luogo**:

どこで見ましたか
doko de mimashita ka
dove l'ha visto?

東京で見ました
Tokyo de mimashita
l'ho visto **a Tokyo**

- indica il complemento di **mezzo, strumento**:

ペンで書きました
pen de ***kakimashita***
ho scritto **con la penna**

車で来ました
kuruma de ***kimashita***
sono venuto **con la macchina**

- indica il complemento di **causa**:

仕事で東京へ行きます
shigoto de Tokyo e ikimasu
vado a Tokyo **per lavoro**

日本は富士山で有名です
Nihon wa Fujisan de yūmei desu
il Giappone è famoso **per il monte Fuji**

- indica il **tempo** necessario per compiere un'azione:

二日で読んだ
futsuka de yonda
l'ho letto **in due giorni**

- viene usato nel significato di **all'età di**:

十二才で日本に行きました
jūnisai de Nihon ni ikimashita
è andato in Giappone **a dodici anni**

- viene usato nel significato di **al prezzo di**:

二万円で売った
niman'en de ***utta***
l'ho venduto **per 20.000 yen**

へ *E*

- indica il complemento di **moto a luogo**:

山へ行きます
yama e ***ikimasu***
vado **in montagna**

外国へ行きます
gaikoku e ikimasu
vado **all'estero**

- indica il complemento di **moto verso luogo** (direzione):

西へ歩く
nishi e aruku
cammino **verso ovest**

から *KARA*

- indica il complemento d'**origine, provenienza** ecc.:

酒は米からできる
sake wa kome kara dekiru
il sake deriva **dal riso**

日本から来ました
Nihon kara kimashita
sono venuto **dal Giappone**

窓から海が見えます
mado kara umi ga miemasu
dalla finestra si vede il mare

- indica il complemento di **durata** nel tempo:

先週からミラノにいます
senshū kara Mirano ni imasu
sono a Milano **dalla settimana scorsa**

- indica il complemento d'**agente**:

友達からもらった本はおもしろい
tomodachi kara moratta hon wa omoshiroi
il libro che ho ricevuto **dal mio amico** è interessante

- preceduto dalla forma *te* del verbo acquista il significato di **dopo (che)**:

手を洗ってから食事をします
te o aratte kara shokuji o shimasu
dopo essermi lavate le mani faccio colazione

勉強してから遊びます
benkyō shite kara asobimasu
dopo aver studiato gioco

- preceduto da un verbo o da un aggettivo coniugato introduce una **proposizione causale**:

雨が降っているから外に行きません
ame ga futte iru kara soto e ikimasen
non esco **perché sta piovendo**

高かったから買いませんでした
takakatta kara kaimasen deshita
non l'ho comprato **perché era caro**

ので NODE

Preceduto da un verbo o da un aggettivo coniugato introduce una **proposizione causale**:

雨が降ったので外へ行きませんでした
ame ga futta node soto e ikimasen deshita
non sono uscito **perché pioveva**

高いので買いません
takai node kaimasen
non lo compro **perché è caro**

と TO

- indica il complemento di **compagnia**:

マリオと食事をしました
Mario to shokuji o shimashita
ho pranzato **con Mario**

犬と散歩をします
inu to sanpo o shimasu
passeggio **col cane**

- in certi casi assume il significato di **contro**:

日本はアメリカと戦争をしました
Nihon wa Amerika to sensō o shimashita
il Giappone ha fatto la guerra **contro l'America**

- può indicare **separazione** (nel senso di allontanamento):

彼と別れました
kare to wakaremashita
mi sono separato **da lui**

- si usa per **unire** due o più sostantivi quando l'enumerazione è **completa**:

本とペン
hon to pen
un libro **e** una penna

東京と京都へ行きます
Tokyo to Kyoto e ikimasu
vado a Tokyo **e** a Kyoto

- si usa per fare un **confronto**:

日本人とイタリア人は違います
Nihonjin to Itariajin wa chigaimasu
i giapponesi e gli italiani sono diversi

あれはこれと同じです
are wa kore to onaji desu
quello è uguale **a questo**

- seguito da 言う *iu* corrisponde all'italiano **si dice**:

日本語で"グラツェ"は何と言いますか
nihongo de "grazie" wa nan to iimasu ka
come **si dice** "grazie" in giapponese?

ありがとうと言います
arigatō to iimasu
si dice arigatō

- introduce il **discorso indiretto** con verbi come *omou*, *hanasu*, *iu*, *kiku* ecc.:

健康は一番大事だと思います
kenkō wa ichiban daiji da to omoimasu
penso che la salute sia la (cosa) più importante

静かにせよ と言われました
shizuka ni seyo to iwaremashita
è stato detto di fare silenžio

- preceduto dal presente indicativo del verbo significa **quando, mentre, se:**

春が 来ると花が咲きます
haru ga kuru to hana ga sakimasu
quando arriva la primavera i fiori sbocciano

勉強していると父が来た
benkyō shite iru to chichi ga kita
mentre studiavo è venuto mio padre

早く 起きないと学校に遅れます
hayaku okinai to gakkō ni okuremasu
se non ti alzi presto farai tardi a scuola

や *YA*

Si usa per **unire** due o più sostantivi quando l'enumerazione è **incompleta**:

本やペンがあります
hon ya pen ga arimasu
ci sono libri, penne **eccetera**

東京や奈良へ行きました
Tokyo ya Nara e ikimashita
sono stato a Tokyo, a Nara **eccetera**

など *NADO*

Significa **eccetera**. E' un rafforzativo di *ya* che, come si è detto sopra, si usa per un'enumerazione incompleta:

本やノートやペンなどを買いました
hon ya nōto ya pen nado o kaimashita
ho comprato il libro, il quaderno, la penna **eccetera**

家や橋などが壊れました
ie ya hashi nado ga kowaremashita
sono andati distrutti le case, i ponti **eccetera**

て TE

La forma *te* del verbo e dell'aggettivo *i* coniugato (può diventare *de* per ragioni eufoniche) serve a:

- congiungere rispettivamente due o più **aggettivi** oppure due o più **proposizioni**:

  速くて静かな車
  hayakute shizuka na kuruma
  una macchina veloce **e** silenziosa

  食べて飲んでしゃべります
  tabete nonde shaberimasu
  mangiamo, beviamo **e** chiacchieriamo

  銀座へ行って食事をします
  Ginza e itte shokuji o shimasu
  vado in Ginza **e poi** pranzo

- introdurre una **proposizione causale**:

  電車に乗り遅れて遅刻した
  densha ni noriokurete chikoku shita
  sono arrivato in ritardo **perché** ho perso il treno

か KA

- denota che la frase è **interrogativa**:

  この花は好きですか
  kono hana wa suki desu ka
  Le piace questo fiore?

- ha il valore di congiunzione **disgiuntiva**:

  日本人か中国人
  Nihonjin ka Chūgokujin
  un giapponese **o** un cinese

- in unione con どうか *dōka* corrisponde all'espressione **se... o no**:

行くかどうかわかりません
iku ka dōka wakarimasen
non so **se** ci vado **o no**

まで *MADE*

- significa **fino a** (di luogo o di tempo):

  ミラノまで行きます
  Mirano made ikimasu
  vado **fino a Milano**

  3時まで学校にいます
  sanji made gakkō ni imasu
  sono a scuola **fino alle tre**

- seguito da *ni* significa **entro**:

  月曜までに帰ってください
  getsuyō made ni kaette kudasai
  torni **entro** lunedì

は *WA*

Indica il **tema del discorso**:

マリオは目が青いです
Mario wa me ga aoi desu
Mario ha gli occhi azzurri
(lett. **quanto a Mario**, gli occhi sono azzurri)

やさしいことは日本語で言えます
yasashii koto wa nihongo de iemasu
posso dire cose semplici in giapponese
(lett. **quanto a cose semplici,** in giapponese posso dire)

あまり寒くはありません
amari samuku wa arimasen
non fa tanto freddo
(lett. **quanto al freddo**, troppo non c'è)

も *MO*

Il suo uso comporta la caduta delle particelle *ga*, *wa* e *o*.
Può trovarsi:

- col verbo al positivo nel significato di **anche**:

  私も行きます
  watakushi mo iki masu
  ci vado **anch'**io

  本も買いました
  hon mo kai mashita
  ho comprato **anche** il libro

! se ripetuto assume il significato di **sia... sia**:

  新聞も雑誌もあります
  shinbun mo zasshi mo ari masu
  ci sono **sia** un giornale **sia** una rivista

- col verbo al negativo nel significato di **neanche**:

  田中さんも来ませんでした
  Tanakasan mo ki masen deshita
  nemmeno il signor Tanaka è venuto

! se ripetuto assume il significato di **né... né**:

  犬も猫もいません
  inu mo neko mo i masen
  non ci sono **né** cani **né** gatti

でも *DEMO*

Il suo uso comporta la caduta delle particelle *ga*, *wa* e *o*.
Insieme al verbo *aru* viene a costituire la **forma di identificazione**. Può trovarsi:

- col verbo al positivo nel significato di **anche**, **perfino**:

  子供でも知っています
  kodomo demo shitte imasu
  perfino i bambini (lo) sanno

! se ripetuto assume il significato di **sia... sia**:

雑誌でも新聞でもよいです
zasshi demo shinbun demo yoi desu
vanno bene **sia** una rivista **sia** un giornale

- col verbo al negativo si usa soltanto ripetuto nel significato di **né... né**:

日本人でも中国人でもありません
Nihonjin demo Chūgokujin demo ari masen
non è **né** un giapponese **né** un cinese

さえ SAE

A seconda che si trovi in frase affermativa o negativa può significare:

- **perfino** :

子供さえわかります
kodomo sae wakari masu
perfino un bambino (lo) capisce

- **nemmeno**:

そんなことさえできませんか
sonna koto sae deki masen ka
non puoi (fare) **nemmeno** una cosa del genere?

ば BA

Si tratta del suffisso del condizionale; serve a rendere il **se** italiano seguito dall'indicativo o dal congiuntivo:

寒ければ外へ行きません
samukereba soto e ikimasen
se fa freddo non esco

勉強すればわかります
benkyō sureba wakarimasu
se studiasse capirebbe

けれども KEREDO (MO)

Preceduto dall'indicativo del verbo o dell'aggettivo coniugato serve a tradurre il **congiuntivo italiano** preceduto da "sebbene", "benché":

勉強しなかったけれど(も)試験を受けます
benkyō shinakatta keredo (mo) shiken o ukemasu
benché non abbia studiato farò l'esame

寒いけれど(も)外へ行きます
samui keredo (mo) soto e ikimasu
benché faccia freddo vado fuori

ながら NAGARA

Si usa solo quando il soggetto della proposizione secondaria è lo stesso di quella principale; può significare:

- **mentre** se è preceduto dalla base indefinita del verbo:

本を読みながら音楽を聞く
hon o yominagara ongaku o kiku
mentre leggo il libro ascolto la musica

- **malgrado, benché** se è preceduto da un sostantivo:

子供ながらわかります
kodomo nagara wakarimasu
malgrado sia un bambino (lo) capisce

... たり ... たりする ... TARI ... TARI SURU

- Questa forma corrisponde alle espressioni italiane "fare questo, quello o altro" oppure "essere a volte in un modo a volte in un altro". Si ottiene aggiungendo *ri* al passato piano dei verbi o degli aggettivi coniugati seguito da *suru*:

家で読んだり書いたりする
uchi de yondari kaitari suru
a casa **ora** leggo **ora** scrivo

静かだったりうるさかったりします
shizuka dattari urusakattari shimasu
alcuni sono calmi **altri** sono rumorosi

小さかったり大きかったりします
chiisakattari ōkikattari shimasu
a volte sono piccoli **a volte** sono grandi

! Se *tari* non viene ripetuto si sottintende che, oltre a quella enunciata, si fanno altre cose:

祭日は映画に行ったりします
saijitsu wa eiga ni ittari shimasu
nei giorni festivi vado al cinema **eccetera**

より *YORI*

Serve a formare il **comparativo di maggioranza** quando sono presenti i due termini di confronto:

東京はミラノより大きいです
Tokyo wa Mirano yori ōkii desu
Tokyo è **più** grande **di Milano**

コーヒーよりお茶が好きです
kōhii yori ocha ga suki desu
mi piace **più** il **tè del caffè**

くらい *KURAI*

Può diventare *gurai* per ragioni eufoniche. Ha i due significati seguenti:

- **circa** (con i numerali):

3時くらいに来てください
sanji kurai ni kite kudasai
venga per favore alle tre **circa**

- **almeno**:

それくらいわかるでしょう

sore kurai wakaru deshō
capisce **almeno** questo?

だけ DAKE

Significa **soltanto**. Il suo uso comporta la caduta delle particelle *ga*, *wa* e *o*:

あなただけ行ってください
anata dake itte kudasai
vada **solo** Lei per favore

東京だけ見ました
Tokyo dake mimashita
ho visto **soltanto** Tokyo

ばかり BAKARI

Significa **soltanto**. Il suo uso comporta la caduta delle particelle *ga*, *wa* e *o*:

あなたばかり見ていました
anata bakari mite imashita
guardavo **solo** Lei

勉強ばかりしていました
benkyō bakari shite imashita
studiavo **soltanto**

こそ KOSO

Significa **proprio** (in senso rafforzativo). Il suo uso comporta la caduta delle particelle *ga* , *wa* e *o* :

あなたこそ来てください
anata koso kite kudasai
venga **proprio** Lei per favore

こんどこそ勝つでしょう
kondo koso katsu deshō
questa volta dovrebbe **proprio** vincere

よ YO

Può essere usato:

- come rafforzativo enfatico:

  欲しければあげますよ
  hoshikereba agemasu yo
  se Lei lo desidera glielo do!

- nelle frasi imperative:

  すぐ来いよ
  sugu koi yo
  vieni subito

NOMI FUNZIONALI

Si tratta di alcuni sostantivi (*koto*, *hazu*, *aida* ecc.), così chiamati perché adempiono a diverse funzioni. Molto spesso concorrono a formare locuzioni con significati particolari.

こと *KOTO*

Significa **fatto, cosa** in senso astratto.

- B4 + *koto*

  - corrisponde all'**infinito sostantivato italiano**:

    よくかむことは消化によい
    yoku kamu koto wa shōka ni yoi
    masticare bene fa bene alla digestione

    考えることは人間の特権です
    kangaeru koto wa ningen no tokken desu
    pensare è prerogativa dell'uomo

  - costituisce una **forma imperativa**, peraltro di uso molto raro:

    勉強すること
    benkyō suru koto
    studiate

    しゃべらないこと
    shaberanai koto
    non chiacchierate

- B4 + *koto ga aru*

  Indica che una cosa a volte si fa e a volte no, che può capitare di farla o meno:

  寿司を食べることがあります
  sushi o taberu koto ga arimasu
  a volte mangio sushi (mi capita di mangiarlo)

食事をしないことがあります
shokuji o shinai koto ga arimasu
a volte non mangio (mi capita di saltare il pasto)

- indicativo passato + *koto ga aru*

Indica un'esperienza fatta:

寿司を食べたことがあります
sushi o tabeta koto ga arimasu
ho mangiato sushi (ho fatto l'esperienza di mangiarlo)

すきやきを食べたことがありません
sukiyaki o tabeta koto ga arimasen
non ho mai mangiato sukiyaki
(non ho mai fatto l'esperienza di mangiarlo)

それまで私は日本へ行ったことがありませんでした
sore made watakushi wa Nippon e itta koto ga arimasen deshita
fino ad allora **non ero mai andato** in Giappone

- B4 + *koto ga dekiru*

Significa **potere**. Indica, a seconda dei casi, la capacità di fare qualcosa o la possibilità che qualcosa venga fatto:

泳ぐことができます
oyogu koto ga dekimasu
so nuotare

今日勉強できる
kyō benkyō dekiru
oggi **posso studiare**

- B4 + *koto wa arimasen*

Può significare:

- **non aver bisogno**:

泣くことはありません
naku koto wa arimasen
non c'è bisogno di piangere

- **non avere occasione:**

  日本へ 行くことはありません
  Nihon e iku koto wa arimasen
  non ho occasione di andare in Giappone

- B4 + *koto ni suru / naru*

Questa locuzione assume il significato di decidere di fare qualcosa; *suru* e *naru* sono intercambiabili:

映画へ 行くことにしました
eiga e iku koto ni shimashita
ha deciso di andare al cinema

日本語を 勉強することになりました
nihongo o benkyō suru koto ni narimashita
ha deciso di studiare giapponese

- indicativo passato + *koto ni suru*

Assume il significato di fingere di avere fatto qualcosa:

行ったことにしましょう
itta koto ni shimashō
facciamo finta di essere andati

- B4 + *koto ni shite iru*

Significa imporsi di fare o non fare qualcosa:

毎日新聞を 読むことにしている
mainichi shinbun o yomu koto ni shite iru
mi impongo di leggere il giornale ogni giorno

スパゲッティを 食べないことにしている
supagetti o tabenai koto ni shite iru
evito di mangiare spaghetti

- B4 + *koto ni natte iru*

Indica qualcosa che è stato programmato:

彼はイタリアに 来ることになっている
kare wa Itaria ni kuru koto ni natte iru
dovrebbe venire in Italia

はずだ HAZU DA

Significa **è prevedibile**.

- B4 + *hazu da*

Esprime una probabilità:

お酒が出るはずだ
osake ga deru hazu da
dovrebbe essere servito del sake

- indicativo passato + *hazu da*

Può indicare certezza:

そこに置いたはずだ
soko ni oita hazu da
sono sicuro di aver(lo) messo là

- B4 + *hazu ga/wa nai*

Significa **non è possibile che**:

あの人がそんなことをするはずがない
ano hito ga sonna koto o suru hazu ga nai
non è possibile che faccia una cosa simile

彼がうそを言うはずはない
kare ga uso o iu hazu wa nai
non è possibile che dica una bugia

つもりだ TSUMORI DA

Significa **avere l'intenzione**:

日本へ行くつもりだ
Nihon e iku tsumori da
ho intenzione di andare in Giappone

明日手紙を書くつもりです
ashita tegami o kaku tsumori desu
domani **ho intenzione** di scrivere una lettera

間 *AIDA*

Indica un intervallo di tempo o di spazio:

長い間花子に会いません
nagai aida Hanako ni aimasen
da lungo tempo non mi vedo con Hanako

この間東京へ行きました
kono aida Tokyo e ikimashita
l'altro giorno sono andato a Tokyo

私が働いていた間に妹は眠っていた
watakushi ga hataraite ita aida ni, imōto wa nemutte ita
mentre io lavoravo, la mia sorellina dormiva
(lett. **nell'intervallo di tempo in cui** stavo lavorando)

名古屋は東京と大阪の間にあります
Nagoya wa Tokyo to Osaka no aida ni arimasu
Nagoya si trova fra Tokyo e Osaka
(lett. è **nell'intervallo di spazio di**)

もの *MONO*

- Può avere, naturalmente con ideogrammi diversi, i due significati di **persona** oppure **cosa**:

子供はよく泣くものだ
kodomo wa yoku naku mono da
i bambini (lett. sono **persone** che) piangono spesso

金は便利なものだ
kane wa benri na mono da
il denaro è una **cosa** utile

- Indica ciò che si dovrebbe o non si dovrebbe fare:

老人の言うことはよく聞くものだ
rōjin no iu koto wa yoku kiku mono da
le cose che i vecchi dicono spesso **andrebbero ascoltate**

子供は酒を飲まないものだ
kodomo wa sake o nomanai mono da
i bambini **non dovrebbero bere** sake

ところ TOKORO

Significa **luogo**.

- B4 + *tokoro da*

  Indica che si sta per fare qualcosa:

  電話するところです
  den'wa suru tokoro desu
  sto per telefonare

  手紙を書くところです
  tegami o kaku tokoro desu
  sto per scrivere una lettera

- indicativo passato + *tokoro da*

  Indica che si è appena fatto qualcosa:

  電話したところです
  den'wa shita tokoro desu
  ho appena telefonato

  手紙を書いたところです
  tegami o kaita tokoro desu
  ho appena scritto una lettera

- B4 + *tokoro ni*

  Significa **nel momento in cui**. Si usa quando nella proposizione principale si verifica un fatto inaspettato:

  食事をしているところに友達が来ました
  shokuji o shite iru tokoro ni tomodachi ga kimashita
  nel momento in cui stavo pranzando, vennero degli amici

- indicativo passato + *tokoro de*

  Significa **anche se**:

  走ったところで間に合わない
  hashitta tokoro de ma ni awanai
  anche se corro, non arriverò in tempo

  泣いたところではじまらない
  naita tokoro de hajimaranai
  non serve a niente piangere
  (lett. **anche se piangi**, non serve a niente)

ため（に） *TAME (NI)*

Significa **a vantaggio, allo scopo, a causa**:

家族のために働きます
kazoku no tame ni hatarakimasu
lavoro **per** la famiglia

悪天候のためやめました
akutenkō no tame yamemashita
ho rinunciato **a causa** del cattivo tempo

うち（に） *UCHI (NI)*

Significa **mentre** e per tale significato è intercambiabile con *aida (ni)*. Si usa soprattutto quando si deve compiere una azione per evitare una conseguenza negativa. Serve anche a tradurre le congiunzioni italiane

- **finché**; il verbo giapponese va al positivo:

スパゲッテイがあついうちに食べて下さい
supagetti ga atsui uchi ni tabete kudasai
mangiate gli spaghetti **finché** (lett. mentre) sono caldi

- **prima che**; il verbo giapponese va al negativo:

暗くならないうちにやめましょう
kuraku naranai uchi ni yamemashō
smettiamo **prima che** faccia buio (lett. mentre non è buio)

雨が降らないうちに帰りましょう
ame ga furanai uchi ni kaerimashō
ritorniamo **prima che** piova (lett. mentre la pioggia non cade)

せい *SEI*

Significa **causa, colpa**:

マリオのせいで負けました
Mario no sei de makemashita
abbiamo perso per **colpa** di Mario

ほう *HŌ*

Significa **parte, direzione**. Si usa per indicare una preferenza o per fare un confronto:

マリオのほうが好きです
Mario no hō ga suki desu
preferisco Mario

食べないほうがよいです
tabenai hō ga yoi ***desu***
è **meglio** non mangiare

まま *MAMA*

Significa **così com'è**. Si usa per dire che si è trascurato di fare qualcosa:

食べたまま出て行きました
tabeta mama dete ikimashita
mangiò e uscì (per esempio **senza riordinare**)

窓をあけたまま出て行きました
mado o aketa mama dete ikimashita
uscì lasciando aperta la finestra (**senza chiuderla**)

LINGUAGGIO MASCHILE E FEMMINILE

Come si è visto, in giapponese si hanno diversi stili di linguaggio a seconda della persona che parla e di quella che ascolta. Quando chi ascolta è dello stesso grado o di grado inferiore a chi parla viene usato lo stile piano, detto anche familiare. Vi sono però diversi tipi di stile piano. Tra questi esaminiamo qui solo quelli che dipendono dal sesso. Le differenze in questo caso sono soprattutto costituite dalle particelle finali: *wa* per addolcire il tono, *yo* rafforzativo, *ne* per chiedere conferma, *no* interrogativo, *kashira* e *ka na* per esprimere incertezza.

FORMA GENTILE **masch. e femm.**	FORMA PIANA **femminile**	FORMA PIANA **maschile**	
ikimasu yo	*iku wa (yo)*	*iku yo*	**andrò**
ikimashō	-	*ikō yo*	**andiamo!**
kirei desu	*kirei ne*	*kirei da ne*	**è bello**
chiisai desu	*chiisai wa ne*	*chiisai ne*	**è piccolo**
ikimashō	*ikō kashira*	*ikō ka na*	**forse andrò**

- Alcuni verbi possono essere usati solo dagli **uomini**: il più comune è 食う *kuu* "mangiare" che corrisponde a 食べる *taberu* e ha, come si vede, lo stesso *kanji*.

- Anche nel linguaggio gentile le **donne** tendono a esprimersi con la forma più onorifica: per esempio usano *de gozaimasu* (verbo "essere" di identificazione) in luogo di *desu*, *gozaimasu* (verbo "essere" di esistenza) in luogo di *arimasu* ecc.

- Per il tipo di linguaggio usato si vedano anche le **lettere**: in quelle fra uomini la differenza fra stile formale e informale è evidente, in quelle fra donne è minima.

CORRISPONDENZA

Nella corrispondenza (通信 *tsūshin*) si distinguono due tipi di lettere: formali e informali, queste ultime dirette ad amici o a parenti all'incirca della stessa età. Ciascun tipo segue regole convenzionali abbastanza fisse.

LETTERE FORMALI

Si tratta soprattutto di lettere commerciali (事務用手紙 *jimuyō tegami*), che devono essere scritte in un linguaggio chiaro, sintetico, preciso e gentile, con un corretto uso delle espressioni commerciali, grammaticali e idiomatiche.

Schema di lettera commerciale

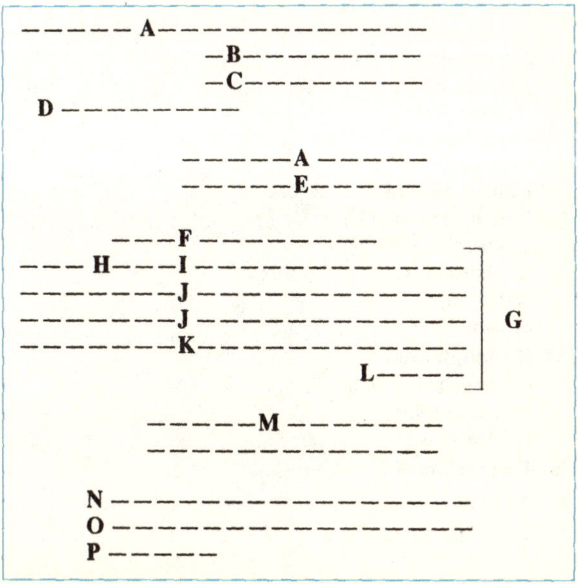

A	**Intestazione**	*kashiragaki*	頭書き
	nome del mittente	*hasshinshamei* / *hasshinmei*	発信者名 発信名
	indirizzo del mittente	*hasshinshajūsho* / *hasshinjūsho*	発信者住所 発信住所
B	**Protocollo**	*bunsho*	文書
	numero del protocollo	*bunsho bangō*	文書番号
C	**Data** (del protocollo)	*(bunsho) hizuke*	(文書)日付け
D	**Destinatario**	*atena*	宛名
	nome	*jushinshamei* / *jushinmei*	受信者名 受信名
	indirizzo	*jushinshajūsho* / *jushinjūsho*	受信者住所 受信住所
E	**Firma**	*tantōshamei*	担当者名
F	**Oggetto**	*kenmei*	件名
G	**Testo**	*honbun*	本文
	parte iniziale (**I**) che comincia con	*zenbun*	前文
	parole di apertura (**H**)	*tōgo*	頭語
	• di rispetto	*haikei*	拝啓
	• di risposta	*haifuku*	拝復
	• per entrare in argomento omettendo i convenevoli	*zenryaku*	前略
	parte centrale (**J**)	*shubun*	終文
	frase di chiusura (**K**)	*matsubun*	末文
	con parole di chiusura (**L**)	*ketsugo*	結語
	abitualmente di saluto	*keigu*	敬具
M	**Ricapitolazione** dell'argomento della lettera, di solito precisazioni	*ki*	記
N	**Post scriptum**	*tsuishin*	追伸
O	**Allegati**	*tenpu shorui*	添付書類
P	**Per conoscenza**	*utsushi sōfusaki*	写し送付先

Al destinatario della lettera ci si rivolge con uno dei seguenti appellativi onorifici:

様	*-sama*	**signor** (generico)
殿	*-dono*	**signor** (per presidenti e dirigenti, uso maschile)
御社	*onsha*	**la Vostra ditta**
弊社	*heisha*	**la nostra ditta**

Tipi di lettere commerciali

● Testo di una richiesta di offerta

拝啓
Haikei
御社益々御発展のこととお慶び申し上げます
Onsha masumasu gohatten no koto o oyorokobi mōshiagemasu
Ci rallegriamo che la Vostra ditta si ampli sempre più

さて表記の品を急ぎ入手したく存じますので下記条件をご検討の上六月一日までに見積書をご提出下さいますよう お願い申し上ます
Sate hyōki no shina o isogi nyūshu shitaku zonjimasu node kakijōken o gokentō no ue rokugatsu tsuitachi made ni mitsumorisho o gotei shutsu kudasaimasu yō onegai mōshiagemasu
Vorremmo procurarci i prodotti sottoelencati e conoscere le condizioni di fornitura. Vogliate inviarci l'offerta entro il primo di giugno

敬具
Keigu

記
ki

品名	*hinmei*	**nome del prodotto**
数量	*sūryō*	**quantità (numero, peso ecc.)**
荷造り	*nizukuri*	**confezione (scatole, cassette ecc)**
納期	*nōki*	**data di consegna**
支払い方法	*shiharai hōhō*	**condizioni di pagamento**
内金	*unchin*	**spese di trasporto**
受取場所	*uketori basho*	**luogo di consegna**

Testo di una offerta

拝復

Haifuku

この度は 当社の商品についてお問い合わせ頂きありがとうございました

Kono tabi wa tōsha no shōhin ni tsuite otoiawase itadaki arigatō gozaimashita

Vi ringraziamo per la richiesta che ci avete inviato riguardo al nostro prodotto

お問い合わせの商品は幸い在庫がありますのでさっそく別便にて見本をお送り致します

Otoi awase no shōhin wa saiwai zaiko ga arimasu node sassoku betsubin nite mihon o okuri itashimasu

Fortunatamente abbiamo in magazzino il prodotto da Voi richiesto. Perciò vi spediremo immediatamente un campione a parte

つきましては取引の条件は下記の通りですので御用命のほどお待ち申し上げます

Tsukimashite wa torihiki no jōken wa kaki no tōri desu node goyōmē no hodo omachi mōshiagemasu

Vi indichiamo qui di seguito le condizioni di fornitura. Restiamo in attesa del Vostro ordine

敬具

Keigu

記

ki

品質	*hinshitsu*	**qualità/tipo**
価格	*kakaku*	**prezzo**
支払い	*shiharai*	**pagamento**

Testo di una ordinazione

拝啓
Haikei
貴社益々御隆盛のことをお喜び申し上ます
Kisha masumasu goryūsei no koto o oyorokobi mōshiagemasu
Ci rallegriamo che la Vostra ditta si ampli sempre più

さっそく見積書をご送付下さいましてありがとうございます
Sassoku mitsumorisho o gosōfu kudasaimashite arigatō gozaimasu
Vi ringraziamo molto per averci spedito subito il preventivo

つきましては同封注文書の通り注文致しますからなにとぞ急ぎご手配下さいますよう お願い申し上げます
Tsukimashite wa dōfū chūmonsho no tōri chūmon itashimasu kara nani tozo isogi gotehai kudasaimasu yō onegai mōshiagemasu
Come risulta dal foglio d'ordine allegato, Vi passiamo la nostra ordinazione. Vi preghiamo di provvedere al più presto

敬具
Keigu

同封書類: 注文書一通
dōfū shorui: chūmonsho ittsu
documento allegato: una copia del foglio d'ordine

• Testo di un avviso di spedizione

拝啓
Haikei
益々御隆盛のこととお喜び申し上げます
Masumasu goryūsei no koto to oyorokobi mōshiagemasu
Ci rallegriamo per il Vostro crescente sviluppo

この度もご用命頂き厚く御礼申し上げます
Kono tabi mo goyōmei itadaki atsuku onrei mōshiagemasu
Ancora una volta Vi ringraziamo sentitamente per la Vostra ordinazione

さて六月一日ご注文の通り七月三十日下記の通り発送致しましたのでご通知申し上げます
Sate rokugatsu tsuitachi gochūmon no tōri shichigatsu sanjūnichi kaki no tōri hassō itashimashita node gotsūchi mōshiagemasu
Vi informiamo di aver spedito il 30 luglio quanto sottoelencato, secondo il Vostro ordine del primo giugno

敬具
Keigu

記
ki

商品	*shōhin*	**merce**
単価	*tanka*	**prezzo dettagliato**
合計	*gōkei*	**totale**
出荷方法	*shukka hōhō*	**mezzo di spedizione**

● Testo di un reclamo

前略
Zenryaku
取り急ぎ用件のみ申し上げます
Tori isogi yōken nomi mōshiagemasu
Ci permettiamo di entrare subito in argomento

本日商品到着致しました
Honjitsu shōhin tōchaku itashimashita
Oggi ci è arrivata la merce

つきましては当品の品質が思わしくありませんのでご連絡致します
Tsukimashite wa tōhin no hinshitsu ga omowashiku arimasen node gorenraku itashimasu
A tale riguardo Vi informiamo che la qualità del prodotto non ci soddisfa

値引き又は返品のお取り扱いに願いたく存じます
Nebiki mata wa henpin no otoriatsukai ni negaitaku zonjimasu
Vorremmo pertanto che ci praticaste uno sconto o che ritiraste la merce

適当なご配慮を下さるよう ご回答お願い致します
Tekitōna gohairyō o kudasaru yō gokaitō onegai itashimasu
Vi preghiamo di darci sollecita risposta

敬具
Keigu

• Testo per la prenotazione di un albergo

前略
Zenryaku
予約を下記のごとくお願いします
Yoyaku o kaki no gotoku onegai shimasu
Prego prenotare come segue

六月一日から六月十日まで
Rokugatsu tsuitachi kara rokugatsu tōka made
Dall' 1 al 10 giugno

二人用一室 バス付き
Futari yō isshitsu basutsuki
Una camera doppia con bagno

連絡先
Renraku saki
Mio recapito

住所	*jūsho*	**indirizzo**
電話	*den'wa*	**telefono**
ファックス	*fakkusu*	**fax**
名前	*namae*	**cognome e nome**

● Testo di una lettera di presentazione

拝啓
Haikei
日頃の御無沙汰をお詫び申し上げます
Higoro no gobusata o owabi mōshiagemasu
Mi scuso del mio lungo silenzio

ご清栄のことと存じます
Goseiei no koto to zonjimasu
Spero che Lei stia bene

さて私の友人が恩地へ行くことになりましたのでご紹介申し上ます
Sate watakushi no yūjin ga onchi e iku koto ni narimashita node goshōkai mōshiagemasu
Mi permetto di presentarLe un amico che sta per arrivare da Voi in ditta

よろしくお願い致します
Yoroshiku onegai itashimasu
La prego di riservargli un po' di tempo

敬具
Keigu

Testo di una richiesta di lavoro

拝啓
Haikei
すがすがしい季節になりましたを お変わりなくお過ごしのことと思います
Sugasugashii kisetsu ni narimashita o okawari naku osugoshi no koto to omoimasu
La stagione è entrata in una fase molto piacevole: mi auguro che Lei stia bene

私は今度 三月に大学を卒業しました
Watakushi wa kondo sangatsu ni daigaku o sotsugyō shimashita
Mi sono laureato in marzo

就職先を捜しております
Shūshoku saki o sagashite orimasu
Sto cercando lavoro

大変ご迷惑なこととは存じますが 適当なお心当たりがございましたらご紹介頂きますようお 願い申し上げます
Taihen gomeiwaku na koto to wa zonjimasu ga tekitōna okokoro atari ga gozaimashitara goshōkai itadakimasu yō onegai mōshiagemasu
So di disturbarLa, ma se Lei avesse una possibilità in questo senso, Le sarei molto grato se potesse proporre una mia candidatura

履歴書を同封致しますのでなにとぞよろしくお願い申し上げます
Rirekisho o dōfu itashimasu node nani to zo yoroshiku onegai mōshiagemasu
Allego il mio curriculum e La ringrazio anticipatamente per quanto potrà fare

敬具
Keigu

CURRICULUM VITAE

Il curriculum vitae (履歴書 *rirekisho*) viene di solito allegato alla domanda d'impiego per riassumere i propri dati. Ha il seguente schema:

1	名前	*namae*	**cognome e nome**
2	本籍	*honseki*	**domicilio anagrafico**
3	現住所	*genjūsho*	**domicilio attuale**
4	生年月日	*seinengappi*	**data di nascita**
5	続き柄	*tsuzukigara*	**relazioni familiari**
6	学業	*gakugyō*	**curriculum scolastico**
7	職歴	*shokureki*	**curriculum lavorativo**
8	賞罰	*shōbatsu*	**certificato penale**

上記の通り相違ありません
jōki no tōri sōi arimasen
dichiaro che quanto sopra detto corrisponde a verità

日付け	署名
hizuke	*shomei*
data	**firma**

Esempio di completamento dello schema:

1 山田太郎
Yamada Tarō
2 東京都港区赤羽橋 790
Tokyoto Minatoku Akabanebashi 790
3 神奈川県横浜市港北区南 4-14-6
Kanagawaken Yokohamashi Kōhokuku Minami 4-14-6
4 1956年8月15日
senkyūhyaku gojūrokunen hachigatsu jūgonichi
15 / 8 / 1956
5 一郎 長男
Ichirō chōnan
primogenito di Ichirō
6 1974年東京大学入学
senkyūhyaku nanajūyonen Tokyo daigaku nyūgaku
iscrizione all'Università di Tokyo nel 1974
1979年同大学卒業
senkyūhyaku nanajūkyūnen dōdaigaku sotsugyō

laurea presso la stessa Università nel 1979

7 1980年4月から1984年5月まで田中商会勤務

senkyū hyaku hachijū nen shigatsu kara senkyū hyaku hachijū yonen gogatsu made Tanaka shōkai kimmu

esperienza di lavoro presso la società Tanaka dall'aprile del 1980 al maggio del 1984

8 なし

nashi

nulla da segnalare

TIPI DI SOCIETA' GIAPPONESI

会社	*kaisha*	**società, ditta**
株式会社	*kabushikigaisha*	**società per azioni**
有限会社	*yūgengaisha/*	**società a responsabilità limitata**
合資会社	*gōshigaisha*	
合名会社	*gōmeigaisha*	**società in accomandita**
商社	*shōsha*	**società commerciale**
総合商社	*sōgōsh ōsha*	**società commerciale integrata o globale**

L'ultimo termine indica grandi società che, oltre a esercitare il commercio acquistando e vendendo in ogni parte del mondo gli articoli più disparati, svolgono anche attività produttiva ed effettuano servizi di ogni genere: bancario, assicurativo ecc. Queste società sono alla base del successo economico giapponese del dopoguerra: alcune di esse, come la *Mitsui* e la *Sumitomo*, sono nate addirittura nel periodo Tokugawa (1603-1868) e hanno successivamente contribuito alla rapida modernizzazione del Giappone sotto il nome di *zaibatsu* (consorzi monopolistici).

Cariche, qualifiche e strutture in una società

重役	*jūyaku*	Massimi Dirigenti
会長	*kaichō*	Presidente
取締役会長	*torishimariyaku-kaichō*	Presidente del Consiglio di Amministrazione
代表取締役	*daihyōtorishimariyaku*	Amministratore Delegato
社長	*shachō*	Presidente
取締役社長	*torishimariyaku-shachō*	Presidente del Consiglio di Amministrazione
副社長	*fukushachō*	Vicepresidente
専務	*senmu*	Consigliere Delegato
専務取締役	*senmutorishimariyaku*	Direttore Esecutivo Anziano
常務	*jōmu*	Amministratore Delegato
常務取締役	*jōmutorishimariyaku*	Direttore Esecutivo
取締役	*torishimariyaku*	Direttore
中立管部	*nakatatekanbu*	Dirigenti Intermedi
事業部：事業部長	*jigyōbu(chō)*	Divisione (Capo Divisione)
本部：本部長	*honbu(chō)*	Divisione (Capo Divisione)
部: 部長	*bu(chō)*	Dipartimento (Capo Dipartimento)
営業部	*eigyōbu*	Dipartimento Commerciale
(技術部)	*gijutsubu*	Dipartimento di Ingegneria

人事部	*jinjibu* Dipartimento Personale
(販売部)	*hanbaibu* Dipartimento Vendite
(設計部)	*setsukeibu* Dipartimento Progettazione
(資材部)	*shizaibu* Dipartimento Materiali
(商品企画部)	*shōhinkikakubu* Dipartimento Progettazione Prodotti
室	*shitsu* Ufficio
課: 課長	*ka(chō)* Sezione (Capo Sezione)
部長代理	*buchōdairi* Sostituto Capo Dipartimento
海外課	*kaigaika* Sezione Estero
(企画課)	*kikakuka* Sezione Programmazione
係長 : 主任　主事	*kakarichō : shunin shuji* Coordinatore
課長代理	*kachōdairi* Sostituto Capo Sezione
社員	*shain* Impiegato
部員	*buin* Impiegato del Dipartimento
課員	*kain* Impiegato della Sezione
平社員	*hirashain* Impiegato Semplice
事業員	*jigyōin* Addetto all'Ufficio

Le traduzioni sono strettamente letterali, specie se si riferiscono a quanto in giapponese è scritto tra parentesi; in Italia tali denominazioni possono cambiare a seconda dell'azienda.

Linguaggio e comportamento nei rapporti d'affari

- In normali rapporti d'affari è bene rivolgersi all'interlocutore usando il suffisso onorifico per i nomi *san*. Tuttavia, in incontri ufficiali o quando ci si rivolge a una persona importante e di grado superiore al proprio, è di solito preferibile ricorrere al suo titolo professionale. Per esempio, se Tanaka è il direttore generale di una ditta cliente, lo si deve chiamare *Tanaka buchō* e non *Tanakasan*. Lo stesso vale quando si parla di una persona famosa o comunque socialmente molto considerata, a meno che l'interlocutore non sappia che si tratta di un amico di chi parla: pertanto, riferendosi al presidente di una nota società il quale abbia nome Hayashi e non sia in rapporti di amicizia con chi parla, lo si deve chiamare *Hayashi shachō*, appunto presidente. E se capitasse di incontrare una persona di alto grado già conosciuta in passato ma di cui al momento si ignora la posizione professionale, si eviti di chiamarlo per nome in modo da non dover usare il suffisso *san* che potrebbe suonare troppo familiare. Molto meglio chiedergli direttamente qual è la sua posizione attuale subito dopo avergli rivolto gli abituali saluti.

- Un'altra cosa da evitare è quella di ricorrere troppo presto a toni familiari. Negli ambienti di ufficio giapponesi si usa il nome proprio solo tra amici stretti e solo se si tratta di persone all'incirca della stessa età. Non si deve mai insistere nel voler cambiare questo stato di cose con i giapponesi coi quali si è in rapporti di lavoro.

- Un'altra cosa da tener presente nelle relazioni d'affari è che, in conseguenza della struttura gerarchica della società giapponese, è molto importante lo scambio iniziale dei biglietti da visita (名刺 *meishi*), grazie ai quali si viene subito informati del grado dell'interlocutore. Per chi voglia svolgere un'attività in Giappone è quindi necessario il biglietto da visita stampato sia nella propria lingua sia in giapponese. E se si è seriamente interessati a proseguire nelle relazioni d'affari, si dovrebbero poi mantenere i contatti inviando gli auguri tradizionali per l'estate (暑中見舞い *shochūmimai*) e per il nuovo anno (年賀状 *nengajō*) o, nel caso di filiali estere, gli auguri di Natale (クリスマスカード *kurisumasu kādo*).

Esempio di biglietto da visita giapponese
(dimensioni: 9 x 5,5 cm)

marchio

(a) 東山自動車株式会社
(b) 海外部
(c) 鈴木 (d) 正
(e) 部長代理
(f) 東京都中央区一丁目十番三号〒一〇四
(g) 電話番号 〇三・五三一・五五五五

(a) nome della società:
Tōsan jidōsha kabushikigaisha

(b) divisione, dipartimento
kaigaibu
Ufficio Relazioni Internazionali

(c) cognome: *Suzuki*

(d) nome: *Tadashi*

(e) titolo:
buchō dairi
sostituto capo dipartimento

(f) indirizzo:
Tokyoto Chūōku itchōme jūban sangō 〒 104

(g) telefono, telex, fax:
denwa bangō 03-531-5555

marchio

nome e cognome: *Tadashi Suzuki*

titolo: *Manager*

divisione, dipartimento ecc.:
International Public Relations

nome società:
Tōsan Motor Co. Ltd
indirizzo:
Ginza Chūōku ... 104 Tokyo

telefono, telex, fax:
telephon 03-531-5555

- Come si vede, il biglietto da visita di un giapponese è stampato da una parte in giapponese e dall'altra in inglese: la trascrizione in *rōmaji* del nome ne indica la pronuncia esatta, dato che gli ideogrammi che lo compongono potrebbero essere letti in modi diversi.

- E' anche importante sapere come ci si deve comportare in un pranzo d'affari. Anzitutto, di regola, si tratti di una sala da pranzo occidentale, di un ristorante giapponese o di una sala di ricevimento pubblica o privata, l'invitato siede dal lato lontano dall'ingresso mentre l'ospite siede dal lato più vicino. Nel caso di più invitati, quello di grado più elevato deve occupare il posto più centrale e la persona di grado più elevato tra gli ospiti deve prendere posto di fronte a lui. Se nella sala in stile giapponese c'è un 床の間 *tokonoma* (che nella casa rappresenta l'angolo più importante, con al centro un vaso di fiori o un oggetto ornamentale e un rotolo con disegni o dipinti appeso sulla parete di fondo), il posto a sedere vicino allo stesso viene di solito destinato al più importante degli ospiti (nel caso di un invito privato il capofamiglia). Quanto all'argomento della conversazione occorre tener presente che in queste occasioni i giapponesi tendono, data la loro particolare sensibilità, ad approfondire la conoscenza personale dell'invitato in un'atmosfera cordiale che faciliti poi lo svolgimento delle trattative, piuttosto che entrare subito nel merito degli argomenti da discutere. Queste norme sono riportate nei manuali giapponesi di comportamento per le relazioni d'affari, i quali sottolineano che un'impressione positiva sulla personalità dell'interlocutore è premessa indispensabile per la buona riuscita delle trattative.

Tipi di lettere formali

• Lettera formale tra uomini

1994年4月1日
東京
Tokyo, 1/4/94

田中太郎様
Tanaka Tarōsama
Egregio signor Tanaka

拝啓
Haikei
Le porgo i migliori saluti

少しづつ春らしくなりましたがまだ寒い日が続いています
Sukoshi zutsu haru rashiku narimashita ga mada samui hi ga tsuzuite imasu
A poco a poco la primavera si avvicina ma le giornate sono ancora fredde

皆様お変わりなくお過ごしでいらっしゃいますか
Minasama okawarinaku osugoshi de irrashaimasu ka
Spero che Lei e i Suoi stiate tutti bene

私達は元気にしております
Watashitachi wa genki ni shite orimasu
Noi stiamo bene

先日イタリアでの仕事を終え戻ってまいりました
Senjitsu Itaria de no shigoto o oemodotte mairimashita
Avendo finito il lavoro in Italia sono rientrato l'altro giorno

色々お話したいことがありますのでお目にかかりたいと思います
Iroiro ohanashi shitai koto ga arimasu node ome ni kakaritai to omoimasu
Vorrei vederLa perché desidero raccontarLe tante cose

ご都合のよい日をお知らせ下さい
Gotsugō no yoi hi o oshirase kudasai
Mi faccia sapere che giorno Le va bene

お返事を待っています
Ohenji o matte imasu
Attendo una Sua risposta

敬具
Keigu
Con i migliori saluti

鈴木和男
Suzuki Kazuo
Kazuo Suzuki

Lettera formale tra donne

1994年2月1日
東京
Tokyo, 1/2/94

山田花子様
Yamada Hanakosama
Gentile signora Yamada

寒い日が続いておりますがお元気でいらっしゃいますかお伺い申し上げます
Samui hi ga tsuzuite imasu ga ogenki de irasshimasu ka oukagai mōshiagemasu
Continuano i giorni freddi. Lei sta bene?

私はこんど今の会社をやめ東京にある事務所で働くことになりました
Watakushi wa kondo ima no kaisha o yame Tokyo ni aru jimushō de hataraku koto ni narimashita
Ho lasciato la ditta in cui ero occupata e ho incominciato a lavorare in un ufficio di Tokyo

新しい電話番号は375-7954です
Atarashii denwa bangō wa 375-7954 desu
Il mio nuovo numero di telefono è 375-7954

おいでの時はぜひご連絡下さい
Oide no toki wa zehi gorenraku kudasai
La prego di volersi mettere in contatto con me quando verrà da queste parti

お待ちしております
Omachi shite orimasu
L'aspetto

ご健康を祈りつつ
Gokenkō o inoritsutsu
Termino augurandoLe buona salute

林春子
Hayashi Haruko
Haruko Hayashi

Lettera formale tra donna e uomo

1994年6月6日
京都
Kyoto, 6/6/94

田中太郎様
Tanaka Tarōsama
Gentile signor Tanaka

すがすがしい季節となりました
Sugasugashii kisetsu to narimashita
E' arrivata una stagione gradevole

お変わりなくお過ごしのことと思います
Okawarinaku osugoshi no koto to omoimasu
Penso che Lei stia bene

私は毎日 忙しく走り回っています
Watakushi wa mainichi isogashiku hashirimawatte imasu
Sono sempre indaffarata e di corsa

つきましてはイタリアからマリオが七月にこちらへ来ます
Tsukimashite wa Itaria kara Mario ga shichigatsu ni kochira e kimasu
Passando ad altro, in luglio Mario verrà qui dall'Italia

一緒に食事をしたいと思いますのでご都合の良い日をお知らせ下さい
Issho ni shokuji o shitai to omoimasu node gotsugō no yoi hi o oshirase kudasai
Poiché vorrei che pranzassimo insieme, mi faccia sapere quale giorno Le fa comodo

ご健康を祈りつつ
Gokenkō o inoritsutsu
Termino augurandoLe buona salute

山田花子
Yamada Hanako
Hanako Yamada

LETTERE INFORMALI

Si tenga presente che il linguaggio informale viene usato solo tra amici e tra parenti all'incirca della stessa età.

Tipi di lettere informali

- **Lettera informale tra uomini**

1994年4月1日
東京
Tokyo, 1/4/1994

太郎君
Tarōkun
Caro Tarō

前略
Zenryaku
Trascuro i convenevoli

みんな変わりなく過ごしているかい
Minna kawarinaku sugoshite iru kai
Spero che tu e i tuoi stiate tutti bene

ぼく達は元気にしている
Bokutachi wa genki ni shite iru
Noi stiamo bene

先日イタリアでの仕事が終わって戻って来た
Senjitsu Itaria de no shigoto ga owatte modotte kita
Avendo finito il lavoro in Italia sono rientrato l'altro giorno

会って色々話したいことがあるので、都合の良い日を知らせてほしい
Atte iroiro hanashitai koto ga aru node, tsugō no yoi hi o shirasete hoshii
Vorrei vederti perché desidero raccontarti tante cose, quindi fammi sapere che giorno ti va bene

返事を待っている
Henji o matte iru
Attendo la tua risposta

和男
Kazuo

Lettera informale tra donne

1994年2月1日
東京
Tokyo, 1/2/1994

花子様
Hanakosama
Cara Hanako

前略 失礼します
Zenryaku shitsurei shimasu
Scusami se salto i convenevoli

お元気ですか
Ogenki desu ka
Stai bene?

こんど今の会社をやめ東京にある事務所で働くことになりました
Kondo ima no kaisha o yame Tokyo ni aru jimushō de hataraku koto ni narimashita
Ho lasciato la ditta in cui ero occupata e ho incominciato a lavorare in un ufficio di Tokyo

新しい電話番号は375-7954です
Atarashii denwa bangō wa 375-7954 desu
Il mio nuovo numero di telefono è 375-7954

東京に来た時はぜひ連絡して下さい
Tokyo ni kita toki wa zehi renraku shite kudasai
Quando verrai a Tokyo non esitare a metterti in contatto con me

待っています
Matte imasu
Ti aspetto

お元気で
Ogenki de
Stai bene

さようなら
Sayōnara
A presto

美智子
Michiko

Lettera informale tra uomo e donna

1994年6月6日
奈良
Nara, 6/6/1994

花子さん
Hanakosan
Cara Hanako

よい季節になりました
Yoi kisetsu ni narimashita
E' arrivata la bella stagione

お元気ですか
Ogenki desu ka
Stai bene?

仕事に追われている毎日です
Shigoto ni owarete iru mainichi desu
Sono sempre sommerso dal lavoro

さてイタリアからマリオが来月来るので一緒に食事をしたいと思います
Sate Itaria kara Mario ga raigetsu kuru node issho ni shokuji o shitai to omoimasu
Passando ad altro, poiché il mese venturo verrà Mario dall'Italia vorrei che pranzassimo insieme

都合の良い日を知らせて下さい
Tsugō no yoi hi o shirasete kudasai
Fammi sapere quale giorno ti è più comodo

ではまたさよおなら
Dewa mata sayōnara
Arrivederci a presto

太郎
Tarō

ESPRESSIONI USATE NELLE LETTERE

Auguri e congratulazioni

おめでとう(ございます)
omedetō (gozaimasu)
auguri / complimenti / congratulazioni

お誕生日おめでとう(ございます)
otanjōbi omedetō (gozaimasu)
buon compleanno

幸運を祈っています
kōun o inotte imasu
buona fortuna

よいバカンスを
yoi bakansu o
buona vacanza

よいご旅行を
yoi goryokō o
buon viaggio

メリー クリスマス
merii kurisumasu
buon Natale

新年おめでとう(ございます)
shinnen omedetō (gozaimasu)
felice anno nuovo

よい復活祭を
yoi fukkatsusai o
buona Pasqua

お見舞い申し上げます
omimai mōshiagemasu
espressione d'incoraggiamento usata in occasione di un evento spiacevole

Condoglianze

お悔やみを申し上げます
okuyami o mōshiagemasu
le nostre condoglianze

お祖母様のご冥福をお祈りします
obāsama no gomeifuku o inorimasu
le mie più sentite condoglianze per la morte della nonna

あなたの悲しみをわかちます
anata no kanashimi o wakachimasu
partecipiamo al Suo dolore

Varie

ご連絡致します
gorenraku itashimasu
prenderò contatto con Lei

お知らせします
oshirase shimasu
Le farò sapere

ご招待致します
goshōtai itashimasu
La invito

お願い致します
onegai itashimasu
La prego

Fraseologia iniziale

La lettera giapponese deve iniziare sempre con osservazioni sul tempo. Premesso che chi scrive deve fare riferimento alle reali condizioni del tempo in quel momento, diamo qui di seguito delle formule indicative da usare a seconda della stagione. Per

- dicembre - febbraio:

  寒さが厳しくなりましたがお元気ですか
  samusa ga kibishiku narimashita ga ogenki desu ka
  il freddo si è fatto intenso. Lei come sta?

- marzo:

  日増しに暖かくなりますがお元気ですか
  himashi ni atatakaku narimasu ga ogenki desu ka
  di giorno in giorno (il clima) si fa mite. Lei come sta?

- maggio:

  よい季節になりましたがお元気ですか
  yoi kisetsu ni narimashita ga ogenki desu ka
  è arrivata la bella stagione. Lei come sta?

- giugno:

  雨の多い季節になりましたがお元気ですか
  ame no ōi kisetsu ni narimashita ga ogenki desu ka
  è arrivata la stagione delle piogge. Lei come sta?

- luglio:

  暑くなりましたがお元気ですか
  atsuku narimashita ga ogenki desu ka
  si è fatto caldo. Lei come sta?

- agosto:

  暑さが厳しくなりましたがお元気ですか
  atsusa ga kibishiku narimashita ga ogenki desu ka
  il caldo si è fatto intenso. Lei come sta?

- ottobre:

  気持ちのよい季節になりましたがお元気ですか
  kimochi no yoi kisetsu ni narimashita ga ogenki desu ka
  siamo già in una stagione piacevole. Lei come sta?

- novembre:

  少し寒くなりましたがお元気ですか
  sukoshi samuku narimashita ga ogenki desu ka
  si è fatto un po' freddo. Lei come sta?

- verso fine dicembre:

  暮れも近くなりましたがお元気ですか
  kure mo chikaku narimashita ga ogenki desu ka
  si avvicina la fine dell'anno. Lei come sta?

INDIRIZZI

- Sono di difficile interpretazione perché non fanno riferimento, come in Italia, a una via o una piazza col numero civico. In Giappone l'indirizzo contiene indicazioni che si basano sulle varie suddivisioni delle città, sul nome di edifici importanti vicini ecc. Più precisamente le grandi città si dividono in 区 *ku*, e questi in 町 *machi* (o *chō* con la pronuncia *on*), e questi ancora in 丁目 *chōme*, che a loro volta si suddividono in 番地 *banchi*. Ogni *chōme* ha un proprio numero. Non sempre questo ordine viene rispettato e non tutte le suddivisioni vengono necessariamente indicate nell'indirizzo: per esempio le città meno grandi sono a volte divise direttamente in *machi*.

- La città è in genere indicata con il semplice nome, ma si può anche far seguire al nome la parola 市 *shi*, appunto "città". Solo per Tokyo si usa 都 *to* "metropoli". Il numero di codice postale (〒) segue solitamente il nome della città.

- Il Giappone è suddiviso in prefetture: 43 県 *ken*, un 都 *to* (*Tokyoto*), un 道 *dō* (*Hokkaidō*) e due 府 *fu* (*Osakafu* e *Kyotofu*).

- Due esempi di indirizzi:

Ambasciata Italiana a Tokyo
東京都港区三田 2丁目5-4 , 106
5-4, Mita 2-chōme, Minato-ku, Tokyo 106
(*Mita* probabilmente una volta era seguito da *machi*)

Centro Italo-Giapponese di Kyoto
京都市左京区牛之宮町吉田 4, 606
4 Yoshida, ushi no miya-chō, Sakyo-ku, Kyoto 606
(*Yoshida* è il nome di una collina e di un tempio che si trovano nelle vicinanze)

SCRITTURA DEI TESTI

L'uso del computer (コンピュータ *konpyūta*) ha brillantemente risolto già da alcuni anni il problema dello scrivere a macchina in giapponese, che si presentava molto difficile dato che questa lingua non utilizza per la sua scrittura lettere dell'alfabeto, ma migliaia di *kanji* (oltre naturalmente alle sillabe dei due alfabeti *hiragana* e *katakana*). Un'ulteriore difficoltà era costituita dal fatto che molti *kanji* hanno la stessa pronuncia e che alcuni sono composti da più di 20 tratti.

Il problema è stato risolto con la creazione di programmi (ワープロ *wāpuro*, contrazione di *wādo-purosessa*, word processor) che consentono la trasformazione automatica *hiragana-kanji* o *rōmaji-kanji*. E quando alla pronuncia di una certa parola corrispondono significati diversi e quindi *kanji* diversi, chi scrive, battendo la parola sulla tastiera che riporta i segni dello *hiragana* o quelli del *rōmaji*, li farà comparire tutti sul monitor e sceglierà poi quello che corrisponde al significato desiderato. Tale scelta può essere fatta anche automaticamente dal computer in base al criterio della maggior frequenza d'uso di uno dei significati e in base al contesto della frase, salvo verifica finale. Sono anche disponibili sul mercato, a prezzi contenuti, programmi che consentono di utilizzare per lo stesso testo sia la scrittura in caratteri latini sia quella giapponese. La presente grammatica è stata scritta utilizzando un programma di questo tipo.

TERMINI COMMERCIALI

accettazione	*uketsuke*	受付け
accompagnamento	*kaishime*	買い占め
acconto	*uchibarai*	内払い
accordo	*dōi / keiyaku*	同意 / 契約
firmare un accordo	*keiyaku ni sain suru*	契約にサインする
acquirente	*kaite*	買い手
acquistare	*kau*	買う
acquisto	*kaiire*	買い入れ
affare	*bijinesu*	ビジネス
agente	*ējento*	エージェント
agenzia	*dairiten*	代理店
amministratore delegato	*torishimariyaku*	取締役
amministrazione	*keiei*	経営
articolo	*shina / kōmoku*	品 / 項目
assegno	*chekku*	チェック
assicurazione	*hoken*	保険
compagnia di assicurazione	*hokengaisha*	保険会社
polizza di assicurazione	*hoshōgaisha*	保障会社
assortimento	*hitosoroi*	一そろい
asta	*ōkushon*	オークション
aumento	*zōka*	増加
dei prezzi	*neage*	値上げ
attivo	*kuroji*	黒字
azienda	*kaisha*	会社
azione	*kabu*	株
azionista	*kabunushi*	株主
bancarotta	*hasan*	破産
beni	*zaisan*	財産
mobili	*dōsan*	動産
immobili	*fudōsan*	不動産
bilancio	*baransu*	バランス
preventivo	*yosan*	予算
consuntivo	*kessan*	決算

bolla di accompagnamento	*fusuishōsho*	不随証書
Borsa	*kabushikishijō*	株式市場
brevetto	*tokkyo*	特許
budget	*yosan*	予算
cambiale	*tegata*	手形
Camera di commercio	*shōkōkaigisho*	商工会議所
campionario	*mihon*	見本
campione	*mihon*	見本
caparra	*tetsukekin / hoshōkin*	手付金 / 保証金
capitale	*shihonkin*	資本金
carico	*futan*	負担
fiscale	*sozei futan*	租税負担
cassa continua	*jidōyokinki*	自動預金器
catalogo	*katarogu*	カタログ
certificato	*shōmei*	証明
di origine	*gensanchi shōmei sho*	原産地証明書
cliente	*kyaku*	客
collaborazione	*kyōdō*	協同
collega	*dōryō*	同僚
collo	*tsutsumi*	包み
commerciante	*shōbainin*	商売人
commercio	*shōgyō*	商業
all'ingrosso	*(tonya) oroshiuri*	(問屋) 卸し売り
al minuto	*kouri*	小売り
estero	*bōeki*	貿易
commessa	*chūmon / hacchūgaku*	注文 / 発注額
commissione	*komisshon*	コミッション
(comitato)	*iinkai*	委員会
committente	*itakusha*	委託者
competitività	*kyōsōryoku*	競争力
comprare	*kau*	買う
compravendita	*baibai*	売買
concessionario	*yuzuriukenin*	譲り受け人
concorrenza	*kyōsō*	競争

consegna	*hikiwatashi*	引き渡し
consiglio di amministrazione	*yakuinkai*	役員会
contabile	*kaikeigakari*	会計係り
contabilità	*kaikei / suitō*	会計 / 出納
container	*konteinā*	コンテイナー
contanti	*genkin*	現金
contrassegno	*shōmei / akashi*	証明 / あかし
conto	*kanjō / keisan*	勘定 / 計算
corrente	*tōza yokin*	当座預金
contratto	*keiyaku*	契約
di lavoro	*rōdōkeiyaku*	労働協約
cooperativa	*kyōdō kumiai*	協同組合
copia	*utsushi / kopii*	写し / コピー
corriere	*unsōsha / unsōgyōsha*	運送者 / 運送業者
corrispondente	*tsūshin-in / tokuhain*	通信員 / 特派員
costo	*kosuto*	コスト
credito	*kurejitto / shinyō*	クレジット / 信用
debito	*fusai / shakkin*	負債 / 借金
estero	*kokugaisaimu*	国外債務
deficit	*akaji*	赤字
denaro	*(o) kane*	(お) 金
dépliant	*panfuretto*	パンフレット
deposito vincolato	*teiki yokin*	定期預金
destinatario	*ataesaki*	宛て先
dettagliante	*kouri shōnin*	小売商人
dilazionare	*enki*	延期
dipendente	*buka*	部下
direttore	*sekininsha*	責任者
direzione	*keiei*	経営
dirigente	*uwayaku*	上役
diritto	*kenri*	権利
disoccupazione	*shitsugyōsha*	失業者
ditta	*kaisha*	会社
individuale	*kojingaisha*	個人会社
dividendo	*rieki*	利益
documento	*shorui*	書類
dogana	*zeikan*	税関

sdoganare	*tsūkan suru*	通関する
tassa doganale	*kanzei*	関税
domanda	*yōkyū / shinsei*	要求 / 申請
e offerta	*juyō to kyōkyū*	供給と需要
economia	*keizai*	経済
entrate	*shūnyū*	収入
annue	*nenshū*	年収
e uscite	*shūshi*	収支
esaurito	*shinagire*	品切れ
esclusiva	*tokuyaku no*	特約の
esportazione	*yushutsu*	輸出
esposizione	*tenjikai*	展示会
etichetta	*raberu / retteru*	ラベル / レッテル
evasione fiscale	*datsuzei*	脱税
fabbrica	*kōjō*	工場
fabbricazione	*seizō*	製造
facilitazione	*bengi*	便宜
fallimento	*tōsan*	倒産
fattura	*seikyūsho / meisaisho*	請求書 / 明細書
fiera	*ichi*	市
campionaria	*mihon-ichi*	見本市
filiale	*shiten*	支店
firma	*sain / shomei*	サイン / 署名
fornitore	*chōtatsugyōsha*	調達業者
fornitura	*kyōkyū / chōtatsu*	供給 / 調達
garanzia	*hoshō*	保証
gestione	*kanri*	管理
giacenza	*chozō*	貯蔵
giro d'affari	*kaiten*	開店
gratuito	*muhōshū no*	無報酬の
grossista	*tonya*	問屋
guadagno	*rieki*	利益
imballaggio	*hōsō*	包装
immagazzinaggio	*chozō*	貯蔵
impiegato	*kaishain*	会社員
importazione	*yunyū*	輸入
imposta	*zei*	税
impresa	*kigyō / jigyō*	企業 / 事業
incarico	*ninmu*	任務

indennizzo	*baishōkin / teate*	賠償金 / 手当
indice dei prezzi	*bukka shisū*	物価指数
indirizzario	*jinmeibo*	人名簿
industria	*sangyō / kōgyō*	産業 / 工業
inflazione	*infure*	インフレ
informazione	*jōhō*	情報
interesse	*risoku / rishi*	利息 / 利子
invenduto	*zanpin*	残品
investimento	*tōshi*	投資
ipoteca	*teitō*	抵当
lancio	*senden*	宣伝
lavorare	*hataraku*	働く
lavoro	*shigoto / rōdō*	仕事 / 労働
lettera	*tegami*	手紙
commerciale	*jimuyō tegami*	事務用手紙
di credito	*shinyōjō / erushii*	信用状 / L.C
di licenziamento	*kaikojō*	解雇状
di presentazione	*shōkaijō*	紹介状
di raccomandazione	*suisenjō*	推薦状
licenza	*raisensu*	ライセンス
licenziamento	*menshoku / kaiko*	免職 / 解雇
liquidazione	*kessa / seisan*	決算 / 清算
listino prezzi	*nedanhyō*	値段表
magazzino	*sōko*	倉庫
manodopera	*temachin*	手間賃
marca	*māku*	マーク
marchio	*shōhyō*	商標
mediatore	*chūkansha*	中間者
mercante	*shōnin*	商人
mercantile	*shōgyō no (shōsen)*	商業の (商船)
mercato	*māketto / ichiba*	マーケット / 市場
del lavoro	*rōdō shijō*	労働市場
merce	*shōhin*	商品
mestiere	*shokugyō*	職業
mittente	*hassosha*	発送者
modalità di pagamento	*shiharai hōhō*	支払い方法
modulo	*shoshiki*	書式
negoziante	*shōnin*	商人

negozio	*mise*	店
obbligazione	*saiken*	債権
offerta	*kyōkyū*	供給
operaio	*rōdōsha*	労働者
ordinare	*chūmon suru*	注文する
ordine	*chūmon*	注文
pagamento	*shiharai*	支払い
in contanti	*genkinbarai*	現金払い
a rate	*bunkatsubarai*	分割払い
anticipato	*maebarai*	前払い
posticipato	*atobarai*	後払い
partita	*torihikiryō*	取引量
passivo	*fusai*	負債
percentuale	*pāsento*	パーセント
perdita	*sonshitsu*	損失
permesso	*kyoka*	許可
di importazione	*yūnyū kyoka*	輸入許可
di esportazione	*yushutsu kyoka*	輸出許可
personale	*shokuin / sutaffu*	職員 / スタッフ
peso	*jūryō*	重量
netto	*shōmi no jūryō*	正味の重量
lordo	*fūtaitomo no jūryō*	風袋共の重量
piazza	*shijō / shijō kakaku*	市場 / 市場価格
preventivo	*mitsumori*	見積もり
prezzo	*nedan*	値段
alto	*takai nedan*	高い値段
basso	*hikui nedan*	低い値段
di costo	*genka*	原価
scontato	*waribikine*	割引値
principale	*aruji / shunin*	主 / 主任
prodotto	*seihin*	製品
produrre	*seizō suru*	製造する
produttore	*seisansha*	生産者
produzione	*seisan*	生産
giornaliera	*nissan*	日産
in serie	*ryōsan*	量産
professione	*shakugyō*	職業
profitto	*rieki*	利益
promozione	*puromōshon*	プロモーション
proprietà	*shoyūbutsu*	所有物
proprietario	*shoyūsha /*	所有者 /

	mochinushi	持主
prospetto	*shōsasshi*	小冊子
protesto	*fuwatari senkoku*	不渡り宣告
provvigione	*tesūryō*	手数料
pubblicità	*senden*	宣伝
quietanza	*ryōshūsho*	領収書
quota	*wakemae*	分け前
rappresentante	*daihyōsha*	代表者
rappresentare	*daihyō suru*	代表する
reclamo	*kurēmu / kujō*	クレーム / 苦情
reddito	*shūnyū / rijun*	収入 / 利潤
registrare	*tōruku suru*	登録する
registro	*tōki / kichō*	登記 / 記帳
rendita	*furōshotoku*	不労所得
reparto	*ka / bu*	課 / 部
rialzo	*jōshō*	上昇
ribasso	*nesagege*	値下げ
ricavare	*hikidasu*	引き出す
ricavo	*mōke / shūeki*	儲け / 収益
ricevuta	*uketori*	受け取り
richiesta	*rikuesuto / irai*	リクエスト / 依頼
riduzione	*genshō*	減少
rimanenza	*zangaku*	残額
rimborso	*harai modoshi*	払い戻し
rimessa	*sonshitsu*	損失
risarcimento	*baishō*	賠償
riscuotere	*kaishū suru*	回収する
riserva	*rizābu*	リザーブ
risparmio	*chokin*	貯金
rivendita	*tenbai*	転売
saldo	*seisan*	清算
scadenza	*kigen*	期限
scambio	*kōkan*	交換
scarico	*shuppi / rikuage*	出費 / 陸上げ
sconto	*nebiki*	値引き
scoperto	*mutanpo*	無担保
scorta	*zaikohin*	在庫品
servizio dopo vendita	*afutāsābisu*	アフターサービス
sindacato	*rōdōkumiai*	労働組合
società	*kaisha*	会社

a responsabilità limitata	*yūgengaisha*	有限会社
per azioni	*kabushikigaisha*	株式会社
socio	*pātonā / kaiin*	パートナー / 会員
somma (di denaro)	*sōgaku*	総額
spaccio	*baikyaku*	売却
spedire	*okuru*	送る
spedizione	*hassō*	発送
spese	*shuppi*	出費
stima	*mitsumori / hyōka*	見積もり / 評価
stipendio	*sararii / kyūryō*	サラリー / 給料
stoccaggio	*sutokku*	ストック
tara	*fūtai*	風袋
tassa	*zei*	税
tasso	*sōba*	相場
d'interesse	*riritsu*	利率
di sconto	*waribikiritsu*	割引率
telefax	*fakkusu*	ファックス
trasporto	*unpan*	運搬
trattativa	*kōshō / torihiki*	交渉 / 取引
ufficio	*jimusho*	事務所
di rappresentanza	*dairi jimusho*	代理事務所
uscite annue	*nenshishutsu*	年支出
uso	*kanrei / shiyō*	慣例 / 使用
utente	*shiyōsha / riyōsha*	使用者 / 利用者
utili	*rieki*	利益
valore	*neuchi / kakaku*	値打 / 価格
valuta	*tsūka*	通貨
vantaggioso	*tsugō ga yoi*	都合が良い
vendere	*uru*	売る
vendita	*hanbai / urukoto*	販売 / 売ること
all'ingrosso	*oroshiuri*	卸し売り
al minuto	*kouri*	小売り
venditore	*urite*	売り手
versamento	*haraikomi*	払い込み

TERMINI TECNICI

a gradini (elettr.)	*chakuchakuto*	着々と
a prova d'acqua	*bōsui*	防水
abaco	*soroban*	そろばん
abrasione	*mametsu*	磨滅
abrasivo	*kenmazai*	研磨剤
accelerare	*sokudo o dasu*	速度を出す
acceleratore	*akuseru*	アクセル
accensione (auto)	*tenka (suru)*	点火(する)
accesso random	*randamu-akusesu*	ランダム・アクセス
accessori	*fuzokuhin*	付属品
acciaieria	*tekkōjo*	鉄鋼所
acciaio	*hagane / kō*	鋼
(fabbricazione)	*seikō*	製鋼
(materiali)	*kōzai*	鋼材
da costruzione	*kōzōyōkō*	構造用鋼
dolce	*nankō*	軟鋼
duro	*kōkō*	硬鋼
forgiato	*tankō*	鍛鋼
fuso	*chūkō*	鋳鋼
inossidabile	*sutenresu*	ステンレス
per molle	*banekō*	ばね鋼
profilato	*katakō*	型鋼
speciale	*tokushukō*	特殊鋼
acido	*san*	酸
fosforico	*rinsan*	燐酸
nitrico	*shōsan*	硝酸
solforico	*ryūsan*	硫酸
accumulatore di calore	*chikunetsuki*	蓄熱器
acqua distillata	*jōryūsui*	蒸留水
acqua dolce	*nansui*	軟水
acqua pesante	*jūsui*	重水
acqua pura	*junsui*	純水
additivo	*tenkabutsu*	添加物
aderenza	*nenchaku*	粘着
aerazione	*kanki (suru)*	換気(する)
ago magnetico	*jishin*	磁針

ala (aereo)	*uingu / tsubasa*	ウイング / 翼
albero (mecc.)	*shafuto*	シャフト
della distribuzione	*kamujiku*	カム軸
di trasmissione	*puropera-shafuto*	プロペラ・シャフト
motore	*enjin-shafuto*	エンジン・シャフト
alimentatore	*fiida*	フィーダ
alimentazione	*okuri*	送り
alluminio	*aruminiumu*	アルミニウム
alogeno	*harogen*	ハロゲン
alternatore	*kōryū-hatsudenki*	交流発電機
altitudine	*kōdo*	高度
altoforno	*kōro*	高炉
altoparlante	*supiika*	スピーカ
ammortizzatore	*shōgeki bōshisōchi*	衝撃防止装置
ampère	*anpea*	アンペア
amperometro	*denryū kei*	電流計
amplificatore	*zōfukuki*	増幅器
amplificazione	*zōfuku (suru)*	増幅 (する)
analisi	*bunseki (suru)*	分析 (する)
qualitativa	*teisei-bunseki*	定性分析
quantitativa	*teiryō-bunseki*	定量分析
analogico	*anarogu*	アナログ
anemometro	*fūsokukei*	風速計
angolo	*kaku*	角
acuto	*eikaku*	鋭角
ottuso	*donkaku*	鈍角
retto	*chokkaku*	直角
angstrom	*ongusuturōmu*	オングストゥローム
anidride carbonica	*nisanka-tanso / tansan-gasu*	二酸化炭素 / 炭酸ガス
anidride solforosa	*aryūsan*	亜硫酸
anodo	*yōkyoku*	陽極
antenna	*antena*	アンテナ
antifurto	*tōnanbōshiki*	盗難防止器
antigelo	*futōeki*	不凍液
apparecchiatura	*gisō*	ぎ装
arco (elettr.)	*āku*	アーク

argento	*gin*	銀
argilla	*nendo*	粘土
argon	*arugon*	アルゴン
aria compressa	*akkū*	圧空
aria condizionata	*eakon / ea kondishon*	エアコン / エアコンディション
artificiale	*jinkōteki (na)*	人工的(な)
aspirazione	*kyūki*	吸気
asse (mecc.)	*jiku*	軸
assemblaggio	*kumitate*	組み立て
atomo	*genshi*	原子
atterraggio	*chakuriku*	着陸
automatico	*jidōteki (na)*	自動的(な)
automazione	*jidōka (suru)*	自動化(する)
avviare (mettere in moto)	*shidō saseru*	始動 させる
avviare (ridare corrente)	*tsūden suru*	通電 する
azoto	*chisso*	窒素
bacchetta per saldatura	*yōsetsubō*	溶接棒
balestre	*itabane*	板ばね
baule (auto)	*toranku*	トランク
banca dati	*dēta-banku*	データ・バンク
banda (fis.)	*taiiki*	帯域
di frequenza	*shūhasū-tai*	周波数帯
barometro	*kiatsukei*	気圧計
barra d'acciaio	*bōkō*	棒鋼
batteria	*batterii / chikudenchi*	バッテリー / 蓄電池
scarica	*denchi ga kireta*	電池がきれた
solare	*taiyō-denchi*	太陽電池
benzina	*gasorin*	ガソリン
senza piombo	*muengasorin*	無鉛ガソリン
biella	*konekuchingu-roddo*	コネクチング・ロッド
bit	*bitto*	ビット
black out	*teiden*	停電
bobina	*bobin / koiru*	ボビン / コイル
primaria	*ichiji-koiru*	一次 コイル

secondaria	*niji-koiru*	二次 コイル
termica	*nessen*	熱線
bomba atomica	*genbaku*	原爆
brocciatrice	*burōchi-ban*	ブローチ盤
bronzo	*seidō*	青銅
bruciatore	*bāna*	バーナ
bulldozer	*burudōza*	ブルドーザ
bullone	*boruto*	ボルト
byte	*baito*	バイト
cacciavite	*nejimawashi*	ねじ回し
cadmio	*kadomiumu*	カドミウム
calcio	*karushiumu*	カルシウム
calcolatore tascabile	*dentaku*	電卓
calcolatrice	*keisanki*	計算機
calcolo integrale	*sekibun*	積分
caldaia	*boira*	ボイラ
calore	*netsu*	熱
solare	*taiyō-netsu*	太陽熱
caloria	*karorii*	カロリー
cambio	*hensokuki*	変速器
automatico	*ōtomachikku*	オートマチック
camera d'aria (auto)	*innā-chūbu*	インナー・チューブ
camma	*kamu*	カム
campione	*sampuru / hyōhon*	サンプル / 標本
campo (intervallo)	*han'i*	範囲
di tolleranza	*kyoyō-han'i*	許容範囲
elettrico	*denba*	電場
magnetico	*jiba*	磁場
canale (elettron.)	*channeru*	チャンネル
candele (auto)	*tenkasen*	点火栓
capacità di memoria	*kioku-yōryō*	記憶容量
capacità di produzione	*seisan-noryoku*	生産能力
capacità termica	*denki-yōryō*	電気容量
cantiere	*sagyōba*	作業場
carattere alfa numerico (inform.)	*eisūji*	英数字
carbone di legna	*mokutan*	木炭
carbonio	*kābon / tanso*	カーボン / 炭素
carburante	*nenryō*	燃料

carburatore	*kyaburētā*	キャブレーター
carica	*jūden*	充電
elettrica	*denka*	電荷
carico di snervamento	*kōfukuten*	降伏点
carrello (aereo)	*sharin*	車輪
carrozzeria	*shatai*	車体
carta magnetica	*jiki-kādo*	磁気カード
catena di montaggio	*nagare-sagyō*	流れ作業
catene da neve	*sunō-chēn*	スノー・チェーン
catione	*yō-ion*	陽イオン
catodo	*inkyoku*	陰極
cavo	*kēburu*	ケーブル
coassiale	*dōjikukēburu*	同軸ケーブル
elettrico	*densen*	電線
centigrado (grado)	*sesshi (do)*	摂氏 (度)
centro	*mannaka*	真ん中
di gravità	*jūshin*	重心
cerchio	*en*	円
chiave inglese	*monkii-supana*	モンキー スパナ
chiavi (auto)	*supana*	スパナ
chimica	*kagaku*	化学
inorganica	*muki-kagaku*	無機化学
organica	*yūki-kagaku*	有機化学
chiusa	*suimon*	水門
ciclo (periodo)	*saikuru*	サイクル
cilindrata (auto)	*haikiryō*	排気量
cilindro	*bonbe*	ボンベ
(auto)	*shirindā*	シリンダー
cinghia	*dendōberuto*	伝動ベルト
cintura di sicurezza	*anzen beruto*	安全ベルト
circonferenza	*enshū*	円周
circuito	*kairo / kaisen*	回路 / 回線
a microonde	*rittai-kairo*	立体回路
elettrico	*denki-kairo*	電気回路
integrato	*shūseki-kairo*	集積回路
integrato a larga scala	*daikibo-shūseki - kairo*	大規模 集積回路
integrato a larghissima scala	*chō-eru-esu-ai*	超 LSI

logico	*ronri-kairo*	論理回路
magnetico	*jiki-kairo*	磁気回路
clacson	*kurakushon*	クラクション
cobalto	*kobaruto*	コバルト
coda (aereo)	*biyoku*	尾翼
codice (elettron.)	*fugō*	符号
coefficiente	*keisū*	係数
cofano	*bonnetto*	ボンネット
coke	*kōkusu*	コークス
colata	*chūzō*	鋳造
collaudo	*ninka*	認可
(auto)	*shiken'unten*	試験運転
collegare	*musubu*	結ぶ
essere collegato	*tsunagaru*	つながる
collettore	*korekuta*	コレクタ
collisione	*shōtotsu (suru)*	衝突(する)
comando (mecc.)	*kudō*	駆動
combustione	*nenshō*	燃焼
commutazione	*seiryū*	整流
compatibilità	*gokansei*	互換性
componente	*buhin*	部品
componenti elettroniche	*denshi-buhin*	電子部品
compressore	*konpuressa*	コンプレッサ
computer	*konpyūta*	コンピュータ
condensatore elettrico	*kondensa*	コンデンサ
condizionatore	*eakon*	エアコン
conduttore	*dōtai / kondakuta*	導体 / コンダクタ
non conduttore	*fudōtai*	不導体
consumo (auto)	*shōmō (suru)*	消耗(する)
contachilometri	*mētā / sōkōkyorikei*	メーター/ 走行距離計
contagiri	*sokudokei / kaitenkei*	速度計 / 回転計
container	*kontena*	コンテナ
contaminazione	*osen (suru)*	汚染(する)
dell'acqua	*suishitsu-odaku*	水質汚濁
contatto (auto)	*sesshoku*	接触
controllo	*chekku*	チェック
(comando)	*kanri (suru)*	管理(する)

automatico	*jidō-seigyō*	自動制御
di processo	*purosesu-seigyō*	プロセス制御
di produzione	*kōtei-kanri*	工程管理
di qualità	*hinshitsu-kanri*	品質管理
ultrasonico	*chōonpa-tanshō-kensa*	超音波探傷検査
convertitore	*henkanki*	変換器
copertone (auto)	*taiya-kējingu*	タイヤ・ケージング
coppa (dell'olio)	*oiru-pan*	オイル・パン
corrente	*denryū*	電流
alternata	*kōryū*	交流
alternata monofase	*tansō -kōryū*	単相交流
alternata trifase	*sansō -kōryū*	三相交流
continua	*chokuryū*	直流
d'alta tensione	*kōatsu-denryū*	高圧電流
debole	*jakuden*	弱電
indotta	*yūdō -denryū*	誘導電流
nominale	*teikaku-denryū*	定格電流
parassita	*uzudenryū*	渦電流
corrosione	*fushoku (suru)*	腐食(する)
corto circuito	*rōden / shōto*	漏電 / ショート
coseno	*kosain*	コサイン
costituente	*seibun*	成分
cric	*jakki*	ジャッキ
cristallo	*kesshō*	結晶
liquido	*ekishō*	液晶
crogiolo	*rutsubo*	るつぼ
cromo	*kuromu*	クロム
cruscotto	*dasshu bōdo*	ダッシュボード
cuscinetto a rotolamento	*korogari-jikuuke*	転がり軸受
cuscinetto a rulli	*koro-jikuuke*	ころ軸受
cuscinetto a sfere	*bearingu*	ベアリング
dado	*natto*	ナット
dati	*dēta*	データ
decollo	*ririku (suru)*	離陸(する)
demodulazione	*fukuchō*	復調
densità	*kosa*	濃さ
deviazione standard	*hyōjun-hensa*	標準偏差

diagramma	*senzu*	線図
del sistema	*keitōzu*	系統図
sinottico	*sekōzu*	施工図
diametro	*chokkei*	直径
del foro	*anakei*	穴径
diesel	*diizeru*	ディーゼル
differenza di potenziale	*den'i sa*	電位差
differenziale (auto)	*sadōsōchi*	差動装置
diffrazione	*kaisetsu*	回折
digitale	*dijitaru*	ディジタル
dimensioni	*saizu*	サイズ
dinamo	*dainamo / hatsudenki*	ダイナモ / 発電機
dinamometro	*dōryokukei*	動力計
diodo	*daiōdo*	ダイオード
emettitore di luce (LED)	*hakkō -daiōdo*	発光ダイオード
dischetto (inform.)	*furoppii-disuku*	フロッピーディスク
disco	*disuku*	ディスク
combinatore	*daiyaru*	ダイヤル
magnetico	*jiki-disuku*	磁気ディスク
disegno di esecuzione	*jisshi-sekkeizu*	実施設計図
dispositivo	*sōchi / kigu*	装置 / 器具
di sicurezza	*anzen-kanri*	安全管理
distributore automatico	*jidō -hanbaiki*	自動販売機
durezza	*katasa*	硬さ
effetto fotoelettrico	*kōden-kōka*	光電効果
elaboratore	*purosessa*	プロセッサ
elaborazione	*kakō (suru)*	加工 (する)
delle immagini	*gazō -shori*	画像処理
in tempo reale	*jitsujikan-shori*	実時間処理
elemento (chim.)	*genso*	元素
elettricità	*denki*	電気
statica	*seidenki*	静電気
elettrodo	*denkyoku*	電極
negativo	*fukyoku*	負極
positivo	*seikyoku*	正極
unipolare	*tankyoku*	単極

elettrolisi	*denkai*	電解
non elettrolitico	*hi-denkaishitsu*	非電解質
elettromagnete	*denjishaku*	電磁石
elettrone	*denshi*	電子
elettronica	*denshi-kōgaku / erekutoronikusu*	電子工学 / エレクトロニクス
elettrotecnica	*denki-kōgaku*	電気工学
elica	*sukuryū / puropera*	スクリュー / プロペラ
elio	*heriumu*	ヘリウム
energia	*enerugii*	エネルギー
elettrica	*denryoku*	電力
nucleare	*genshiryoku*	原子力
entrata (inform.)	*inputto*	インプット
e uscita	*nyūshutsuryoku*	入出力
errore	*gosa*	誤差
di misura	*sokutei-gosa*	測定誤差
relativo	*sōtai-gosa*	相対誤差
evaporazione	*jōhatsu (saseru)*	蒸発(させる)
fabbrica	*kōjō / kōba*	工場
direttore	*kōjōchō*	工場長
lavoratore	*kōin*	工員
lavoro straordinario	*chōka-kinmu*	超過勤務
operaio	*rōdōsha*	労働者
operaio specializzato	*jukurenkō*	熟練工
reparto	*bumon*	部門
sindacato lavoratori	*rōdō kumiai*	労働組合
sistema di impiego a vita	*shūshinkoyōseido*	終身雇用制度
fabbricazione	*kensetsu (suru)*	建設(する)
(costi)	*kōhi*	工費
fari	*raito*	ライト
abbaglianti	*uwamuki raito*	上向きライト
anabbaglianti	*shitamuki raito*	下向きライト
fendinebbia	*fogguranpu*	フォッグランプ
fase	*isō*	位相
ferro	*airon*	アイロン
battuto	*rentetsu*	錬鉄
in barre	*tetsubō*	鉄棒
quadro	*kakubō*	角棒

fibra	*sen'i*	繊維
di vetro	*garasu sen'i*	ガラス 繊維
ottica	*hikarı-faibā*	光ファイバー
sintetica	*gōsei-sen'i*	合成繊維
filettatura	*nejiyama*	ねじ山
filo al nichel-cromo	*nikuromu-sen*	ニクロム線
filo d'acciaio	*kōsen*	鋼線
filo di ferro	*tessen*	鉄線
filo di rame	*dōsen*	銅線
filo metallico	*sen*	線
filtro	*firutā*	フィルター
del carburante	*nenryō firutā*	燃料 フィルター
dell'aria	*kūkifirutā*	空気 フィルター
dell'olio	*oirufirutā*	オイル フィルター
finestrino (auto)	*mado*	窓
fisica	*butsurigaku*	物理学
fissione nucleare	*kakubunretsu*	核分裂
floppy disk	*furoppii-disuku*	フロッピー ディスク
fluido	*eki*	液
fluorescenza	*keikō*	蛍光
flusso luminoso	*kōsoku*	光束
flusso magnetico	*jisoku*	磁束
fonderia	*imono-kōjō*	鋳物工場
formula	*kōshiki*	公式
forno	*ro*	炉
elettrico	*denkiro*	電気炉
foro	*ana*	穴
forza	*chikara*	力
centrifuga	*enshinryoku*	遠心力
centripeta	*kōshinryoku*	向心力
elettromagnetica	*denjiryoku*	電磁力
magnetica	*jiryoku*	磁力
fosforo	*rin*	燐
fotochimica	*kōkagaku*	光化学
fotometria	*sokkō*	測光
fotometro	*kōdokei*	光度計
fotone	*kōshi*	光子

fototubo	*kōdenkan*	光電管
freccia (auto)	*hōkō shijiki*	方向指示器
freno	*burēki*	ブレーキ
a mano	*hando burēki*	ハンドブレーキ
di emergenza	*hijō burēki*	非常ブレーキ
frequenza	*shūhasū*	周波数
alta	*kōshūha*	高周波
altissima	*chōtanpa*	超短波
bassa	*teishūha*	低周波
di oscillazione	*shindōsū*	振動数
fresatrice	*furaisu-ban*	フライス盤
frizione	*kuracchi*	クラッチ
fune metallica	*kōsaku*	鋼索
fusibile	*hyūzu*	ヒューズ
fusione	*yōkai (suru)*	溶解(する)
gancio di traino	*fukku / kagi*	フック/鈎
gas	*gasu*	ガス
inerte	*fukassei-gasu*	不活性ガス
naturale	*tennen-gasu*	天然ガス
gasolio	*keiyu*	軽油
generatore	*hatsudenki*	発電機
geologia	*chishitsugaku*	地質学
geometria	*kikagaku*	幾何学
ghisa	*chūtetsu*	鋳鉄
di prima fusione	*sentetsu*	銑鉄
malleabile	*katan-chūtetsu*	可鍛鋳鉄
gioco (mecc.)	*yutori*	ゆとり
giunto cardanico	*jizai-tsugite / karudan-jointo*	自在継手 / カルダン・ジョイント
gomma sintetica	*gōsei-gomu*	合成ゴム
grafite	*kokuen*	黒鉛
grasso	*guriisu*	グリース
gravità	*jūryoku*	重力
grippaggio	*yakitsuki*	焼き付き
gru	*kijūki*	起重機
guarnizione	*pakkingu*	パッキング
guasto	*fuka / koshō*	不可 / 故障
hardware	*hādowea*	ハードウエア
hertz	*herutsu*	ヘルツ
idrogeno	*suiso*	水素

igrometro	*shitsudokei*	湿度計
immatricolazione	*tōroku*	登録
impianto elettrico	*denki keisōchi*	電気軽装置
impulso	*parusu*	パルス
indicatore di benzina	*nenryōkei*	燃料計
indice di un quadrante	*shishin*	指針
indirizzo (inform.)	*banchi*	番地
industria	*sangyō*	産業
leggera	*keikōgyō*	軽工業
manifatturiera	*seizōgyō*	製造業
pesante	*jūkōgyō*	重工業
induttanza	*indakutansu*	インダクタンス
induzione magnetica	*jiki-yūdō*	磁気誘導
ingegnere	*enjinia*	エンジニア
ingegneria	*kōgaku*	工学
ingranaggio	*giya / haguruma sōchi*	ギヤ / 歯車装置
inquinamento	*taiki osen*	大気汚染
installazione	*suetsuke*	据え付け
intensità	*kyōdo*	強度
interfaccia	*intāfeisu*	インターフェイス
interferenza	*bōgai (suru)*	妨害(する)
interruttore	*suitchi*	スイッチ
di circuito	*shadanki*	遮断器
interruzione di corrente	*teiden*	停電
ione	*ion*	イオン
negativo	*in-ion*	陰イオン
positivo	*yō -ion*	陽イオン
ionizzazione	*denri (suru)*	電離(する)
isolamento	*shadan (suru)*	遮断(する)
termico	*dannetsu*	断熱
isotopo	*dōi-genso*	同位元素
istruzioni	*sashizu*	指図
laboratorio	*jikkenshitsu*	実験室
di ricerca	*kenkyūjo*	研究所
lamiera	*ita*	板
d'acciaio	*kōhan*	鋼板
di ferro	*teppan*	鉄板

metallica	*bankin*	板金
laminatoio	*atsuenki*	圧延機
laminazione	*atsuen*	圧延
lampada a incandescenza	*hakunetsu-denkyū*	白熱電球
lampada elettrica	*dentō*	電灯
lampada indicatrice (spia)	*pairotto-rampu*	パイロット ランプ
lampeggiatore	*tenmetsushiki - shijiki*	点滅式指示器
laser	*rēzā*	レーザー
lavorazione	*kakō (suru)*	加工(する)
a caldo	*nekkan-kakō*	熱間加工
a freddo	*reikan-kakō*	冷間加工
lavoro	*sagyō (suru)*	作業(する)
a mano	*teshigoto*	手仕事
di gruppo	*chiimu-wāku*	チーム・ワーク
manuale	*tesagyō*	手作業
LED	*hakkō -daiōdo*	発光ダイオード
lega	*gōkin*	合金
leggera	*keigōkin*	軽合金
leva	*rebā*	レバー
del cambio	*chenji-rebā*	チェンジ・ レバー
limite di tolleranza	*kyoyō-gendo*	許容限度
linea	*sen*	線
a catena	*sasen*	鎖線
retta	*chokusen*	直線
lingotto	*ingotto*	インゴット
d'acciaio	*kōkai*	鋼塊
liquefazione	*ekika (suru)*	液化(する)
liquido	*eki*	液
logica	*ronri*	論理
lubrificante	*katsuzai / junkatsuyu*	滑剤 / 潤滑油
lubrificazione	*junkatsu*	潤滑
luci (auto)	*raito*	ライト
anteriori di posizione	*furonto-raito*	フロント・ ライト
posteriori di posizione	*tēru-raito*	テール・ ライト

di arresto	*teishi-raito*	停止ライト
di retromarcia	*kōshinyō-raito*	後進用ライト
luminescenza	*hakkō*	発光
lunghezza d'onda	*hachō*	波長
macchina	*kikai*	機械
di precisione	*seimitsu-kikai*	精密機械
idraulica	*yuatsu-kiki*	油圧機器
tessile	*shokki*	織機
utensile	*kōsaku-kikai*	工作機械
macchinario industriale	*sangyō-kikai*	産業機械
madrevite	*meneji*	雌ねじ
maglio	*hanmā*	ハンマー
magnesio	*maguneshiumu*	マグネシウム
magnete	*jishaku*	磁石
permanente	*eikyū-jishaku*	永久磁石
magnetismo	*jiki*	磁気
mandrino	*shinbō*	心棒
manganese	*mangan*	マンガン
maniglia (auto)	*totte*	取っ手
manometro	*atsuryokukei*	圧力計
manopola	*tsumami*	つまみ
manuale d'istruzione	*toriatsukai-setsumeisho*	取扱説明書
manutenzione	*iji*	維持
(spese)	*ijihi*	維持費
marcia (auto)	*gia*	ギア
prima	*fāsuto*	ファースト
seconda	*sekando*	セカンド
terza	*sādo*	サード
quarta	*fōsu*	フォース
quinta	*gobangia*	五番ギア
in folle	*nyūtoraru*	ニュートラル
retromarcia	*bakkugia*	バックギア
marmitta	*mafurā*	マフラー
martello	*kanazuchi*	金鎚
massa	*katamari*	塊
massimo	*saidai*	最大
matematica	*sūgaku*	数学
materia / materiale	*busshitsu*	物質

materozza	*yuguchi*	湯口
matrice	*gyōretsu*	行列
meccanica	*rikigaku*	力学
meccanico	*kikanshi*	機関士
meccanismo	*kikō*	機構
meccanizzazione	*kikaika (suru)*	機械化(する)
media (mat.)	*heikin (suru)*	平均(する)
megabit	*mega-bitto*	メガ・ビット
megabyte	*mega-baito*	メガ・バイト
megahertz	*mega-herutsu*	メガ・ヘルツ
megawatt	*mega-watto*	メガ・ワット
memoria (inform.)	*memori / kioku*	メモリ / 記憶
mercurio	*suigin*	水銀
mescolatore	*mikisā*	ミキサー
messa a punto programma	*tenaoshi (suru)*	手直し(する)
metallo	*kinzoku*	金属
fuso	*yu*	湯
leggero	*keikinzoku*	軽金属
non ferroso	*hitetsu-kinzoku*	非鉄金属
pesante	*jūkinzoku*	重金属
prezioso	*kikinzoku*	貴金属
metallurgia	*yakingaku*	冶金学
metano	*metan*	メタン
microcomputer	*maikon / maikuron konpyūta*	マイコン / マイクロン コンピュータ
microfilm	*maikuro-firumu*	マイクロ・フィルム
microfono	*maikurohon*	マイクロホン
micrometro	*maikuromēta*	マイクロメータ
micron	*mikuron*	ミクロン
microonda	*maikuro-ha*	マイクロ波
microscopio elettronico	*denshi-kenbikyō*	電子顕微鏡
minerale	*kōbutsu / kōseki*	鉱物 / 鉱石
minicomputer	*minikon*	ミニコン
miniera	*kōzan*	鉱山
minimo	*saishō*	最小
misura	*sokutei (suru)*	測定(する)
modello	*moderu*	モデル

modulazione	*henchō*	変調
di frequenza	*shūhasū-henchō*	周波数変調
molecola	*bunshi*	分子
molla	*bane / supuringu*	ばね / スプリング
a spirale	*uzumaki-bane*	渦巻ばね
monitor	*monitā*	モニター
monoblocco	*monoburokku*	モノブロック
monofase	*tansō*	単相
motore	*mōta / enjin*	モータ/ エンジン
a combustione interna	*nainen-kikan*	内燃機関
a raffreddamento ad acqua	*suirei-enjin*	水冷エンジン
a raffreddamento ad aria	*kūrei-enjin*	空冷エンジン
elettrico	*dendōki*	電動機
motorino d'avviamento	*sutātā*	スターター
multiprocessore	*maruchipurosessa*	マルチプロセッサ
nastro magnetico	*jiki-tēpu*	磁気テープ
nastro trasportatore	*beruto*	ベルト
negativo	*fu*	負
neon	*neon*	ネオン
neutrone	*chūseishi*	中性子
nichel	*nikkeru*	ニッケル
nucleo	*genshi-kaku*	原子核
numero	*kazu / sū*	数
dispari	*kisū*	奇数
pari	*gūsū*	偶数
positivo	*seisū*	整数
negativo	*fusū*	負数
ohm	*ōmu*	オーム
olio	*abura*	油
lubrificante	*junkatsuyu*	潤滑油
minerale	*kōbutsuyu*	鉱物油
onda corta	*tanpa*	短波
onda luminosa	*kōha*	光波
onda lunga	*chōha*	長波

onda media	*chūha*	中波
onda sonora	*onpa*	音波
onda ultracorta	*chōtanpa*	超短波
onda ultrasonica	*chōonpa*	超音波
onde radio	*denpa*	電波
on-line	*onrain*	オンライン
operazione manuale	*shudō*	手動
orbita	*kidō*	軌道
oscillazione	*shindō (suru)*	振動(する)
oscilloscopio	*oshirosukōpu*	オシロスコープ
ossigeno	*sanso*	酸素
ottano	*okutān*	オクターン
ottica	*kōgaku*	光学
ottone	*ōdō*	黄銅
pannello	*paneru*	パネル
parabrezza	*furontogarasu*	フロントガラス
parafango	*fendā*	フェンダー
paraurti	*banpā*	バンパー
particella	*biryūshi*	微粒子
patente	*unten menkyoshō*	運転免許証
pedale (auto)	*pedaru*	ペダル
perdita	*more*	漏れ
periodico	*shūkiteki (na)*	周期的(な)
perpendicolare	*suichoku (na)*	垂直(な)
personal computer	*pasokon*	パソコン
peso	*mekata*	目方
atomico	*genshiryō*	原子量
specifico	*hijū*	比重
petrolio grezzo	*gen'yu*	原油
pezzi di ricambio	*yobi no buhin*	予備の部品
pieno carico (elettr.)	*zenfuka*	全負荷
pila	*denchi*	電池
pinza	*penchi*	ペンチ
piombo	*namari*	鉛
pista d'atterraggio	*kassōro*	滑走路
pistone	*pisuton*	ピストン
plastica	*purasuchikku*	プラスチック
platino	*purachina*	プラチナ
pneumatico	*taiya*	タイヤ
polarità	*kyokusei*	極性
polo magnetico	*jikyoku*	磁極

polo negativo (catodo)	*inkyoku*	陰極
polo positivo (anodo)	*yōkyoku*	陽極
pompa	*pompu*	ポンプ
della benzina	*gasorin-pompu*	ガソリン・ポンプ
dell'olio	*oiru-pompu*	オイル・ポンプ
idraulica (a olio)	*yuatsu-pompu*	油圧ポンプ
ponte (auto)	*shajiku*	車軸
anteriore	*zenshajiku*	前車軸
posteriore	*kōshajiku*	後車軸
portiera	*doa*	ドア
positivo	*purasu*	プラス
potassio	*kariumu*	カリウム
potenza	*chikara*	力
elettrica	*denryoku*	電力
elettrica trifase	*sansō denryoku*	三相電力
massima	*saidai shutsuryoku*	最大出力
nominale	*teikaku shutsuryoku*	定格出力
precisione	*seido*	精度
preriscaldamento	*yonetsu (suru)*	予熱(する)
presa d'aria	*kyūki*	吸気
pressa	*puresa*	プレサ
pressione	*atsuryoku*	圧力
alta	*kōkiatsu*	高気圧
bassa	*teikiatsu*	低気圧
dell'aria	*kūkiatsu*	空気圧
delle gomme	*taiya no kūki*	タイヤの空気
idraulica	*suiatsu*	水圧
normale	*jōatsu*	常圧
processore di linguaggio	*gengo purosessa*	言語プロセッサ
prodotto difettoso	*dekisokonai*	出来損ない
produttività	*seisansei*	生産性
produzione	*seisan (suru)*	生産(する)
giornaliera	*nissan*	日産
in serie	*ryōsan (suru)*	量産(する)
profilato d'acciaio	*katakō*	形鋼
progetto	*dezain*	デザイン
programma	*puroguramu*	プログラム

programmare	*puroguramu o kumu*	プログラムを組む
programmazione	*puroguramingu*	プログラミング
protone	*yōshi*	陽子
prova	*kensa (suru)*	検査（する）
non distruttiva	*hikakai kensa*	ひかかい検査
pulsante	*oshi botan*	押しボタン
punto (telev.)	*ten*	点
e linea	*itten sasen*	一転鎖線
di ebollizione	*futten*	沸点
di fusione	*yūten*	融点
medio	*heikinten*	平均点
quadro di commutazione	*haidenban*	配電盤
quadro indicatore	*hyōjiban*	表示盤
quadro manovre	*sōsaban*	操作盤
qualità	*hinshitsu*	品質
quantità	*bunryō*	分量
quanto	*ryōshi*	量子
quarzo	*sekiei*	石英
radar	*rēdā*	レーダー
radiatore	*rajiētā*	ラジエーター
radiazione	*fukusha*	ふく射
termica	*netsuhōsha*	熱放射
radice quadrata	*heihōkon*	平方根
radioattività	*hōshanō*	放射能
radiotelefono	*musen denwa*	無線電話
raffreddamento	*reikyaku (suru)*	冷却(する)
ad aria	*kūrei*	空冷
ad acqua	*suirei*	水冷
a olio	*yurei*	油冷
raggi cosmici	*uchūsen*	宇宙線
raggi gamma	*ganmasen*	ガンマ線
raggi infrarossi	*sekigaisen*	赤外線
raggi laser	*rēzā-kōsen*	レーザー光線
raggi ultravioletti	*shigaisen*	紫外線
raggi visibili	*kashi kōsen*	可視光線
raggi x	*ekkususen / rentogen*	X線 / レントゲン
raggio	*hikari*	光
rame	*dō*	銅

reattore nucleare	*genshiro*	原子炉
reazione	*hannō*	反応
a catena	*rensa hannō*	連鎖反応
reversibile	*kagyaku hannō*	可逆反応
registrare	*rekōdo o kakeru*	レコードをかける
registratore	*rekōda / rekōdo*	レコーダ / レコード
regolazione	*chōsei (suru)*	調整(する)
relè	*keidenki*	継電器
resina sintetica	*gōsei jushi*	合成樹脂
resistenza	*teikō*	抵抗
dell'aria	*kūki teikō*	空気抵抗
elettrica	*denki teikō / teikōki*	電気抵抗 / 抵抗器
rettangolo	*chōhōkei*	長方形
rettificatrice per piani	*heimen kensakuban*	平面研削盤
revisione	*sōtenken (suru)*	そうてんけん
ricambio	*yobi*	予備
ricetrasmittente	*sōjushinki*	送受信機
ricevitore	*juwaki*	受話器
riflessione	*hansha*	反射
rifrazione	*kussetsu*	屈折
rimorchio	*torerā*	トレラー
riparare	*shūri suru*	修理する
ripresa (auto)	*kasoku nōryōku*	加速能力
riscaldamento	*kanetsu (suru) / danbō*	加熱(する) / 暖房
riscaldatore elettrico	*dennetsuki*	電熱器
risposta (inform.)	*ōtō*	応答
rivelare (fis.)	*kenchi (suru)*	検地(する)
robot	*robotto*	ロボット
industriale	*sangyōyō robotto*	産業用ロボット
rodaggio	*shiunten kikan*	試運転機関
roentgen	*rentogen*	レントゲン
rotaia	*sharin*	車輪
rotazione	*kaiten*	回転
rottame	*sukurappu*	スクラップ
di ferro	*tetsukuzu*	鉄屑
routine	*rūchin*	ルーチン

rullo	*koro*	ころ
rumore	*sōon*	騒音
ruota	*kuruma*	車
anteriore	*zenrin*	前輪
posteriore	*kōrin*	後輪
di scorta	*supea taiya*	スペアタイヤ
saccarosio	*shotō*	しょとう
sala macchine	*kikanshitsu*	機関室
saldatrice	*yōsetsuki*	溶接機
saldatura	*yōsetsu (suru)*	溶接(する)
elettrica	*denki yōsetsu*	電気溶接
saracinesca (idraul.)	*shikiriben*	仕切弁
satellite artificiale	*jinkō eisei*	人工衛星
satellite per telecomunicazioni	*tsūshin eisei*	通信衛星
scambio di calore	*netsukōkan*	熱交換
scanning	*sōsa (suru)*	走査(する)
scarica elettrica	*hōden (suru)*	放電(する)
schema di connessione (elettr.)	*haisenzu*	配線図
schermo	*sukuriin*	スクリーン
scintilla	*supāku*	スパーク
scocca	*shatai*	しゃたい
scollegamento	*setsudan suru*	切断する
scoria	*suragu*	スラグ
sedile	*zaseki*	座席
semiconduttore	*handōtai*	半導体
seno	*sain*	サイン
sensore	*sensā*	センサー
senza gradini (elettr.)	*mudan*	無段
sequenza	*junban*	順番
serbatoio	*tanku*	タンク
servofreno	*sābo burēki*	サーボブレーキ
servomeccanismo	*sābo kikō*	サーボ機構
servosterzo	*pawā sutearingu*	パワーステアリング
sfera	*kyū*	球
sicurezza	*anzen*	安全
siderurgia	*tekkō*	鉄鋼
sifone	*saihon*	サイホン
silicio	*shirikon*	シリコン

simbolo (di un elemento)	*genso kigō*	元素記号
simmetria	*taishō*	対称
sincronismo	*dōki*	同期
sinterizzazione	*shōketsu (suru)*	焼結(する)
sintesi	*gōsei (suru)*	合成(する)
sintonia (radio)	*dōchō*	同調
sinusoide	*seigenkyokusen*	正弦曲線
sistema	*keitō*	系統
di raffreddamento	*reikyaku shisutemu*	冷却システム
siviera	*kumu*	くむ
smog	*sumoggu*	スモッグ
smontaggio	*bunkai (suru)*	分解(する)
smorzamento	*gensui (suru)*	減衰(する)
sodio	*natoriumu*	ナトリウム
software	*sofutouea*	ソフトウェア
solidificare	*katamaru*	固まる
solido	*rittai*	立体
soluzione	*eki*	液
solvente	*yōbai*	溶媒
sorgente luminosa	*kōgen*	光原
sospensioni	*sasupenshon*	サスペンション
sostanza	*busshitsu*	物質
sovraccarico	*kafuka*	過負荷
sovralimentatore	*kakyūki*	過給器
sovrappeso	*kajū*	過重
sovratensione	*kaden'atsu*	過電圧
specchietto retrovisore	*mirābakku*	ミラーバック
specialista	*senmonka*	専門家
specializzazione	*senmon*	専門
spettro	*supekutoru*	スペクトル
spettrometro	*bunkōkei*	分光計
spettroscopio	*bunkōki*	分光器
spinterogeno	*disutoribyūtā*	ディストリビューター
sportello (auto)	*madoguchi*	窓口
stabilizzatore	*anteizai*	安定剤
stagno	*suzu (kan)*	錫 (かん)
stampa (inform.)	*purinto (suru)*	プリント(する)
stampante	*purinta*	プリンタ

stampo	*kanagata*	金型
standard	*hyōjun*	標準
standardizzazione	*hyōjunka*	標準化
statistica	*tōkei*	統計
sterzo	*handoru*	ハンドル
strumento	*dōgu*	道具
di misura	*keisokuki*	計測器
struttura	*kōzō*	構造
sublimazione	*shōkā*	昇華
superconduzione	*chōdendō*	超伝導
superficie sferica	*kyūmen*	球面
surriscaldamento	*kanetsu (suru)*	加熱(する)
tangente	*tanjento*	タンジェント
targa (auto)	*nanbā purēto*	ナンバープレート
tecnica	*gijutsu*	技術
tecnico (agg.)	*senmonteki(na)*	専門的(な)
tecnico (sost.)	*gijutsusha / gishi*	技術者 / 技師
tecnologia	*gijutsu*	技術
alta	*hai-teku*	ハイ・テク
telaio	*furēmu*	フレーム
(auto)	*shashi*	シャシ
(tessile)	*shokki*	織機
telecomando	*rimokon*	リモコン
temperatura	*ondo*	温度
alta	*kōon*	高温
assoluta	*zettai ondo*	絶対温度
atmosferica	*kion*	気温
bassa	*teion*	低温
critica	*inkaten*	引火点
normale	*jōon*	常温
tempo	*jikan / taimu*	時間 / タイム
di accesso (inform.)	*akusesu taimu*	アクセスタイム
di risposta (inform.)	*ōtō jikan*	応答時間
temporizzatore	*taima*	タイマ
temprare	*yakimodosu*	焼き戻す
tensione	*chōryoku*	張力
alta	*kōatsu*	高圧
bassa	*teiatsu*	低圧
teorema	*teiri*	定理
teoria	*riron*	理論

tergicristalli	*waipā*	ワイパー
terminale	*tāminaru*	ターミナル
termine specialistico	*senmongo*	専門語
termine tecnico	*gijutsu yōgo*	技術用語
termocoppia	*netsudentsui*	熱電対
termodinamica	*netsurikigaku*	熱力学
termostato	*sāmosutatto*	サーモスタット
test	*tesuto*	テスト
titanio	*chitan*	チタン
tolleranza	*kyoyōsa*	許容差
torsione	*nejire*	ねじれ
trafila	*senbiki*	線引き
training	*kenshū (suru)*	研修(する)
tranciatrice	*sendanki*	せん断機
transistor	*toranjisuta*	トランジスタ
trasduttore	*henkanki*	変換器
trasformatore	*toransu*	トランス
trasmettitore	*sōshinki*	送信機
trasmissione (elettr.)	*densō (suru)*	電送(する)
(meccanica)	*dendō (suru)*	伝動(する)
trattamento	*shori (suru)*	処理(する)
delle acque di rifiuto	*haisui shori*	排水処理
dell'informazione (inform.)	*jōhō shori*	情報処理
termico	*netsushori*	熱処理
superficiale	*hyōmen shori*	表面処理
trazione	*kudō*	駆動
anteriore	*zenrin kudō*	前輪駆動
posteriore	*kōrin kudō*	後輪駆動
integrale	*yonrin kudō*	四輪駆動
triangolo	*sankaku*	三角
trigonometria	*sankakuhō*	三角法
tubo	*chūbu / kan*	チューブ / 管
a raggi catodici	*buraun kan*	ブラウン管
d'acciaio	*kōkan*	鋼管
di ferro	*tekkan*	鉄管
di piombo	*enkan*	鉛管
di scappamento	*haikikan*	排気管
isolante	*dōkan*	導管
sottovuoto	*shinkūkan*	真空管
turbina	*tābin*	タービン

a gas	*gasu tābin*	ガスタービン
a vapore	*jōki tābin*	蒸気タービン
idraulica	*suisha*	水車
unità	*yunitto*	ユニット
(apparecchiatura)		
centrale di elaborazione	*chūō shorisōchi*	中央処理装置
periferica (elettron.)	*shūhen sōchi*	周辺装置
principale	*hontai*	本体
uranio	*uran*	ウラン
uscita (inform.)	*seisandaka*	生産高
utensile	*dōgu*	道具
valore di punta	*piikuchi*	ピーク値
valore massimo	*saidaichi*	最大値
valore medio	*heikinchi*	平均値
valore minimo	*saishōchi*	最小値
valvola	*barubu*	バルブ
d'arresto	*tomeben*	止め弁
di scarico	*nigashiben*	逃がし弁
di sicurezza	*anzenben*	安全弁
vapore	*jōki*	蒸気
acqueo	*suijōki*	水蒸気
vaporizzazione	*jōchaku (saseru)*	蒸着(させる)
velocità	*supiido*	スピード
bassa	*teisoku*	低速
del suono	*onsoku*	音速
media	*chūsoku*	中速
supersonica	*chōonsoku*	超音速
uniforme	*tōsokudo*	等速度
ventilatore	*benchirēta*	ベンチレータ
elettrico	*senpūki*	扇風機
ventilazione	*kanki*	換気
ventola	*aogu / sōfūki*	扇ぐ / 送風機
vernice	*penki*	ペンキ
verticale	*enchoku (na)*	鉛直(な)
vetro	*garasu*	ガラス
di sicurezza	*kyōkagarasu*	強化ガラス
vibrazione	*shindō*	振動
video	*bideo*	ビデオ
videoregistrazione	*rokuga (suru)*	録画(する)
viscosità	*nebari*	粘り

vite	*neji*	ねじ
volano	*hazumiguruma*	弾み車
(auto)	*furai hoiiru*	フライホイール
volante	*sutearingu hoiiru*	ステアリング ホイール
volatilità	*kihatsusei*	揮発性
volt	*boruto*	ボルト
voltmetro	*den'atsukei*	電圧計
volume	*boryūmu*	ボリューム
vuoto	*shinkū*	真空
watt	*watto*	ワット
wattmetro	*denryokukei*	電力計
word processor	*wādo-purosesessa*	ワード・プロセッサ
zinco	*aen*	亜鉛
zolfo	*iō*	硫黄

INDICE ANALITICO

In conformità a quanto di solito in uso nelle grammatiche di giapponese, l'indice analitico comprende prevalentemente particelle, parole ed espressioni in lingua.

A

ā 73
accento 20
accrescitivi 34
achira 41,43,71
affermazione 150
ageru 140, 142
aggettivale, forma 74, 75
aggettivi 55 sgg.
  coniugazione aggettivi *i* 57
  coniugazione aggettivi *na* 59
  di sentimento 63
  dimostrativi 70
  forma avverbiale 65
  forma *te* 64
  gradi dell'aggettivo 66
  i 55, 56
  na 55, 59
  possessivi 43
agglutinazione 22
aida 174
alcuni 49, 50
amari 68
anata 39
ane 145
ani 145
anna 72
anna ni 73
ano 70
ano hito 41
ano kata 41

are 70
aru 111, 132, 135, 154
asoko 71
ataeru 140
au 136, 155
ausiliari dei numerali 78
avere 111
avverbi 147 sgg.
  indefiniti 48
  interrogativi 45

B
-ba 95, 102, 165
bakari 168
-ban 79, 88
-banme 88
basi verbali 91 sgg.
  attributiva (B4) 95
  conclusiva (B3) 95
  condizionale-ipotetica (B5) 95
  imperativa (B6) 96
  indefinita (B2) 93
  negativa (B1) 91
  volitiva-esortativa (B1a) 92
  tabella 97
beki da 130
biglietto da visita 193, 194
boku 38, 39
-bu 79

C
caratteri latini 16
cariche 191
causativa, forma 92, 118
-chaku 79
che (cosa)? 46
chi? 45
chichi 145
chigau 152
chiisai 35
chikai 65

chiunque 51
come 66
come? 47
commerciali, termini 208
comparativo 66
complementi 26 sgg., 153 sgg.
comportamento negli affari 193
condizionale 95, 101, 103, 105, 106
coniugazione gentile (aggettivi) 57, 58, 60, 61
coniugazione gentile (verbi) 89, 105, 106, 112, 113
coniugazione piana (aggettivi) 57, 58, 60, 61
coniugazione piana (verbi) 89, 101, 103, 112, 113
consiglio 131
consonanti 18
corrispondenza 179 sgg.
  lettere commerciali 179, 181
  lettere formali 179, 196
  lettere informali 200
costruzione della frase 22
curriculum vitae 189

D

da 112, 135
dai- 88
-dai 79
Dai Kanwa Jiten 14
dake 168
dakuon 7, 9
dare 45
dare de mo 51
dareka 48
dare mo 50
darō 57, 100, 126
data 86
de 26, 28, 44, 64, 156
-de 162
de arimasu 112
de gozaimasu 135, 178
de irassharu 135
de wa arimasen 113
de wa nai 113

dekiru 116, 117, 153
demo 51, 164
Denka 43
deshō 57, 100
desiderativa, forma 120
desu 104, 112, 119
diminutivi 35
dimostrativi 70
discorso indiretto 134
-do 80
dō 47, 73
dochira 46, 72
dochira de mo 51
dochiraka 48
dochira mo 50
doko 46, 71
doko de + forma *te* + *mo* 52
doko de mo 51
dokoka 48
doko mo 50
donata 45
donataka 48
donna 72
donna ni 73
donna ni + forma *te* + *mo* 52
dono 46, 71
dono ... mo 53
-dono 181
dore 46, 71
dore de mo 51
doreka 49
dōshite 47
dove? 46
dovunque 50, 51, 52

E

e 20, 27, 157
enumerativa, forma 74, 75
esclamativa, forma 131
esistenza, forma 111
esortativa, forma 122

essere 111
età 86, 157

F
fonetica 13
forma gentile 94
forma *te* 52, 64, 128, 132, 133, 149, 162
forma *te* + *ageru* 142
forma *te* + *aru* 132
forma *te* + *iku* 109
forma *te* + *iru* 132
forma *te* + *itadaku* 143
forma *te* + *kara* 158
forma *te* + *kudasai* 129
forma *te* + *kureru* 142
forma *te* + *kuru* 109
forma *te* + *miru* 133
forma *te* + *mo kamaimasen* 130
forma *te* + *mo yoi (desu)* 130
forma *te* + *morau* 143
forma *te* + *nasai* 129
forma *te* + *oku* 133
forma *te* + *sashiageru* 142
forma *te* + *shimau* 133
forma *te* + *wa ikemasen* 129
forma *te* + *wa narimasen* 129
forma *te* + *yaru* 142
fureru 155
-furi 80
furigana 21

G
ga 25, 116, 153
-gata 42
-gatte iru 63, 121
gerundio 94, 101, 103, 105, 106
giorni 83
go- 135, 143
gogo 88
gojibun 44
gojūon 7

go-ran ni naru 136
goryōshin 145
goshujin 145
gozaimasu 135, 139, 178
gozen 88
go-zonji da 136

H
haha 28, 145
hai 150
-hai 80
haiken suru 136
hairu 90
handakuon 7, 9
hashiru 90
hazu da 173
hazu ga /wa nai 173
Hebonshiki 17
Heika 43
Hepburn 17
heru 90
-hiki 80
hiragana 8, 9, 13, 15, 19
hito 41
hō 67, 177
hō ga yoi / yokatta 131
hodo 66
-hon 79, 80
hoshii 120
hotondo 147

I
ichiban 67
identificazione, forma 112
ideogrammi cinesi 11
iie 150
iku 97, 108, 109, 136
iku + ausiliari numerali + *ka* 50
iku- 47
ikura 47
ikura + forma *te* + *mo* 53

ikuraka 49
ikutsu 47
ikutsuka 49
imōto 145
imperativo 101, 103, 128
indefiniti 48
indirizzi 206
interrogativa, frase 24
interrogativi 45
interpunzione 20
irassharu 94, 135, 136
iru (essere) 111, 132, 135, 154
iru (occorrere) 90
itadaku 136, 141, 143
itasu 135
itoko 146
itsu 46
itsu + forma *te* + *mo* 52
itsuka 49
itsumo 51
iu 136

J
ja 113
jibun 44
jiko 44
jishin 44
-jō 80
jōyō kanji 16

K
ka 24, 162
-ka 48, 84
ka dō ka 49
ka na 178
kaeru 90
-kai 80
Kakka 43
kamaimasen 130
-kan 85
kana 7, 9, 16, 21

kanai 145
kango 12
kanji 11, 12, 13, 14, 15
kanojo 40
kara 28, 158
kare 40
kashira 178
kata[1] 9
kata[2] 41
katakana 9, 13, 15, 19
kazoku 146
-ken 81
keredo (mo) 99, 166
-ki 81
kimi 38, 40
kirai da 62
kiru (tagliare) 90
kiru (vestirsi) 136
ko- 35
-ko 81
kō 73
kochira 41, 43, 71
kodomo 146
Kojiki 13
koko 71
konna 72
konna ni 73
kono 70
kono hito 41
kono kata 41
kore 70
koso 168
koto 33, 95, 99, 154, 170
-ku 65
Kūkai (Kōbō Daishi) 7
kun 14, 34, 35, 36, 74
kudasaru 94, 129, 141
Kunreishiki 17
kurai / gurai 167
kureru 141, 142
kuru 90, 91, 93, 95, 96, 108, 109, 116, 118, 123, 124, 136

kuu 178
kyō dai 145
kyō iku kanji 16
-kyoku 81

L
lettere 179 sgg.
  formali commerciali 179
  formali tra persone 196
  informali 200
  espressioni usate 203
linguaggio maschile e femminile 178
linguaggio negli affari 193

M
made 163
mago 146
-mai 81
mairu 136
mama 177
Man'yōshū 13
maru 7, 20
-masen 94, 106
-masu 94, 105
me- 30, 88
mei 146
meshiagaru 136
mesi 84
mina 42
miru 133, 136
mo 50, 53, 164
mono 32, 174
morau 141, 143
moshi 96
mōshiageru 136
motsu 108, 112
motto 67
mottomo 67
musuko 145
musume 145

N

na (vedi aggettivi *na*)
nado 161
nagara 166
nai 54, 58, 91, 103, 119
naide 103, 119
nakereba narimasen 130
nan 46
nan + ausiliari numerali + *ka* 50
nan de mo 51
nan te / to ... no darō 131
nani 46
nanika 48
nani ga / o + forma *te* + *mo* 52
nani mo 50
nara 101, 102
naru 155
nasaru 94, 129, 135, 138
naze 47
nazeka 49
ne 178
negativa, forma 91, 103, 119
negativa, frase 54
negazione 150
neru 136
nessuno 50
ni 26, 27, 28, 65, 114, 148, 154
-nichi 81
niente 50
nigori 7
nigorizzazione 20
-nin 81
Nipponshiki 17
no 26, 43, 55, 61, 62, 65, 153, 178
node 69, 95, 159
nomi 30 sgg.
  alterati 34
  astratti 32
  avverbiali 147
  composti 33

concreti 31
di origine straniera 37
funzionali 170 sgg.
genere 30
onorifici 145, 146
numero 31
propri 35
nomu 136
noni 99
nu 119
numerali 74 sgg.
ausiliari 78
cardinali 74
ordinali 88
nyōbō 145

O

o 20, 26, 114, 156
o- 30, 135, 143
o + B2 + *da* 138
o + B2 + *itasu* 138
o + B2 + *ni naru* 138
o + B2 + *suru* 138
o-ide ni naru 136
o-me ni kakaru 136
o-meshi ni naru 136
o-yasumi ni naru 136
ō 34
oba 145
obāchan 146
obāsan 145, 146
obbligo 130
oi 146
ōi 19, 65
oji 145
ojisan 145, 146
ojiichan 146
ojiisan 145, 146
ojōsan 145, 146
ōkii 19, 34
oku 133

okusan 145, 146
omae 40
on 14, 34, 35, 36, 74
onaji gurai / kurai 66
onēsan 145, 146
oniisan 145, 146
onorifiche, forme 135 sgg.
ora 87
ore 39
orimasu 135
ortografia 18 sgg.
ossharu 94, 136
otoko 30
otomodachi 145
otōsan 145, 146
otōto 145
otto 145
oya 145

P

passato 94
passiva, forma 92, 114
perché? 47
permesso 130
più 66, 67
posposizioni 153 sgg.
  dei casi 25 sgg.
possessivi 43
potenziale, forma 92, 116
prezzo 157
pronomi 38 sgg.
  dimostrativi 70
  indefiniti 48
  interrogativi 45
  onorifici 144
  personali 39
  possessivi 43
  relativi 53
  riflessivi 44
pronuncia 12, 18
proprio 45

Q

qualche 48
qualcuno / qualcosa 48
quale? 46, 71, 72
qualifiche 191
qualsiasi / qualsiasi cosa 49, 51, 52, 53
quando? 46
quanto? 47
quello 70
questo 70

R

-ra 31, 42, 102
radicale 13
-rareru 92, 114, 116
rashii 64, 95, 125
-reru 92, 114
richiesta gentile 129
rōmaji 16, 17, 19, 21
ryōshin 145

S

sae 165
-sai 82, 86
-sama 42, 143, 181
-san 42, 143
-saseru 92, 118
sashiageru 140, 142
-satsu 82
sawaru 155
sé stesso 44
sei 176
seion 7, 8
-seki 82
sensei 43
serie giapponese e cinese (numeri) 74, 75
-seru 92, 118
shaberu 90
shika 150
shimau 133
shinu 97

shiru 90, 136
shō- 35
shujin 145
sillabario 7
sō 73
-sō 82
sō da 63, 95, 127
sō desu 151
sō de wa arimasen 151
sobo 145
sochira 41, 43, 71
società (tipi e strutture) 190 sgg.
sofu 145
soggetto 25
soko 71
-soku 82
sonna 72
sonna ni 73
sono 44, 70
sono hito 41
sono kata 41
sore 70
sostantivale, forma 74, 75
sostantivi 30 sgg.
sugiru 68
suki da 62
sumu 154
superlativo 67
suppositiva, forma 125
suru 90, 91, 93, 95, 96, 110, 116, 118, 122, 123, 124, 135
suru koto ga 116

T

taberu 136
tabun 126
-ta 94
-tachi 31, 42
tai- 34
-tai 94, 120
tale 72
tame ni 176

... tari... tari suru 166
tazuneru 136
-te 64, 94, 162
tecnici, termini 216
teishu 145
-teki na 62
ten 20
to 29, 159
to issho ni 29
to iu 54, 160
to iu yori 67
to omou 64, 123
to onaji gurai 66
to suru 123
-tō 79, 82
tōi 19, 65
tokoro 175
tomaru 154
tomo 146
tomodachi 146
tōri 19
tōyō kanji 16
troppo 68
-tsū 82
tsuma 145
tsumori da 173
tsureru 108

U
uchi (ni) 176
ukagau 136
uketoru 142

V
verbi 89 sgg.
basi 91
classi 90
coniugazioni 89, 101 sgg., 112, 113
forma causativa 92, 118
forma desiderativa 94, 120
forma esclamativa 131

forma esortativa 92, 122
forma imperativa 128
forma negativa *nai* 91, 103, 119
forma passiva 92, 114
forma potenziale 92, 116
forma suppositiva 125
forma *te* (vedi)
forma volitiva 92, 123
intransitivi 107
irregolari 90
modi 99
onorifici 135
riflessivi 107
tempi 99
transitivi 107
vocali 19
volitiva, forma 92, 123

W

wa 20, 25, 120, 163, 178
-wa 79, 82
waga 45
wakaru 153
watakushi 39
watashi 39
Wieger 14

Y

ya 161
yaru 140, 142
yo 128, 169, 178
yō da 64, 125
yō ni iu 124
yōon 7, 10
yori 66, 167
yūjin 146

Z

zonjite oru 136
-zu ni 119

INDICE GENERALE

Lingua e scrittura 7
Il sillabario 7
Gli ideogrammi cinesi 11
I caratteri latini 16
Pronuncia e ortografia 18
Segni di interpunzione e altri 20
Caratteristiche essenziali 22
Posposizioni dei casi 25
Sostantivi 30
Genere, numero e declinazione 30
Nomi comuni concreti 31
Nomi comuni astratti 32
Nomi composti 33
Nomi alterati 34
Nomi propri 35
Nomi di origine straniera 37
Pronomi 38
Pronomi personali 39
Pronomi e aggettivi possessivi 43
Pronomi riflessivi 44
Pronomi e avverbi interrogativi 45
Pronomi e avverbi indefiniti 48
Pronomi relativi 53
Aggettivi 55
Aggettivi *i* 56
Aggettivi *na* 59
Aggettivi di sentimento 63
Forma *te* 64
Forma avverbiale 65
Gradi dell'aggettivo 66
Uso di *amari* e *sugiru* 68
Dimostrativi 70
Numerali 74
Numerali cardinali 74
Ausiliari dei numerali 78
Giorni del mese 83
Mesi dell'anno 84

Età 86
Data 86
Ora 87
Numerali ordinali 88
Verbi 89
Coniugazioni 89
Classificazione 90
Basi verbali 91
Base negativa (B1) 91
Base volitiva-esortativa (B1a) 92
Base indefinita (B2) 93
Base conclusiva (B3) 95
Base attributiva (B4) 95
Base condizionale-ipotetica (B5) 95
Base imperativa (B6) 96
Tabella delle basi 97
Modi e tempi del verbo 99
Coniugazione piana 101
Coniugazione positiva 101
Coniugazione negativa 103
Forme gentili 104
Coniugazione gentile 105
Coniugazione positiva 105
Coniugazione negativa 106
Verbi transitivi e intransitivi 107
Uso di *iku* e *kuru* 108
Uso particolare di *suru* 110
Verbo essere 111
Forma di esistenza 111
Forma di identificazione 112
Forma passiva 114
Forma potenziale 116
Forma causativa 118
Forma negativa *nai* 119
Forma desiderativa 120
Forma esortativa 122
Forma volitiva 123
Forma suppositiva 125
Supposizione con qualche fondamento 125
Supposizione con scarso fondamento 126
Supposizione basata su ciò che si vede 127

Forme imperative 128
  Modo imperativo 128
  Forma *te* 128
  Richiesta gentile 129
Obbligo 130
Permesso 130
Consiglio 131
Forma esclamativa 131
Uso particolare della forma *te* 132
  Forma *te + aru* 132
  Forma *te + iru* 132
  Forma *te + oku* 133
  Forma *te + shimau* 133
  Forma *te + miru* 133
Discorso indiretto 134
Forme onorifiche 135
  Verbi onorifici 135
  Verbi onorifici per dare e ricevere 140
  Prefissi e suffissi onorifici 143
  Pronomi onorifici 144
  Nomi onorifici di parentela o di persona 145
Avverbi 147
  Avverbi propriamente detti 147
  Nomi avverbiali 147
  Avverbi derivati da aggettivi 148
  Avverbi da sostantivi ripetuti 148
  Avverbi in *te* 149
  Avverbi onomatopeici 149
  shika 150
  Avverbi di affermazione e negazione 150
Posposizioni 153
  ga 153
  no 153
  ni 154
  o 156
  de 156
  e 157
  kara 158
  node 159
  to 159
  ya 161

nado 161
te 162
ka 162
made 163
wa 163
mo 164
demo 164
sae 165
ba 165
keredo (mo) 166
nagara 166
... tari ... tari suru 166
yori 167
kurai 167
dake 168
bakari 168
koso 168
yo 169
Nomi funzionali 170
koto 170
hazu da 173
tsumori da 173
aida 174
mono 174
tokoro 175
tame (ni) 176
uchi (ni) 176
sei 176
hō 177
mama 177
Linguaggio maschile e femminile 178
Corrispondenza 179
Lettere formali 179
Schema di lettera commerciale 179
Tipi di lettere commerciali 181
Curriculum vitae 189
Tipi di società giapponesi 190
Cariche, qualifiche e strutture in una società 191
Linguaggio e comportamento nei rapporti d'affari 193
Esempio di biglietto da visita giapponese 194

Tipi di lettere formali 196
Lettere informali 200
Espressioni usate nelle lettere 203
Indirizzi 206
Scrittura dei testi 207
Termini commerciali 208
Termini tecnici 216
Indice analitico 242

NOTE

NOTE

NOTE

NOTE

NOTE

NOTE

NOTE

NOTE

Finito di stampare nell'ottobre 2015
da Rotolito Lombarda SpA
Seggiano di Pioltello (Mi)